LEMNOS
Troja
LESBOS
GOLDENE
TRINKSCHALE
ANATOLIEN
(KLEINASIEN)
Ephesos
ANDROS
SAMOS
KEA
KYKLADEN
IKARIA
SYROS
DELOS
PAROS
NAXOS
MELOS
IOS
THERA
Akrotiri
RHODOS
ERDGÖTTIN
KARPATHOS
Knossos
Mallia
KRETA
Gournia
Myrtos
Zakros
Phaistos
Basilike

DIE VERSUNKENE WELT DER ÄGÄIS

TIME-LIFE BÜCHER

UNTERGEGANGENE KULTUREN

Series Editor: Dale M. Brown
Series Administrator: Philip Brandt George

REDAKTIONSSTAB für
Die versunkene Welt der Ägäis
Art Director: Susan K. White
Picture Editor: Kristin Baker Hanneman
Text Editors: Charlotte Anker, James M. Lynch
Writers: Darcie Conner Johnston, Denise Dersin
Associate Editors/Research: Constance Contreras, Jacqueline L. Shaffer
Assistant Editor/Research: Katherine L. Griffin
Assistant Art Director: Bill McKenney
Senior Copy Coordinator: Anne Farr
Picture Coordinator: David A. Herod
Editorial Assistant: Patricia D. Whiteford

Besondere Mitarbeiter/innen: Beryl Lieff Benderly, Arlene Borden, Douglas Botting, Windsor Chorlton, George Constable, Ellen Galford, Susan Morse, Lydia Preston-Hicks, Michelle D. Vaughen (Text); Helga Kohl, Jocelyn G. Lindsay, Aziza Meer, Gail Prensky, Evelyn Prettyman, Eugenia S. Scharf (Dokumentation); Roy Nanovic (Register)
Korrespondentinnen:
Elisabeth Kraemer-Singh (Bonn), Christine Hinze (London), Christina Lieberman (New York), Maria Vincenza Aloisi (Paris), Ann Natanson (Rom)
Wertvolle Unterstützung leisteten darüber hinaus: Maria Chadou, Daphne Gondicas, Mirka Gondicas, Aristotle Sarricostas (Athen), Nihal Tamraz (Kairo), Judy Aspinall (London), Elizabeth Brown, Katheryn White (New York), Ann Wise (Rom)

DEUTSCHE AUSGABE:
Leitung: Marianne Tölle
Textredaktion: Alžbeta Lettowsky
Computersatz: Barbara Rechmann

Aus dem Englischen übertragen von
Dr. Giovanni Bandini, Dr. Ditte König, Dieter Schmitz

Titel der Originalausgabe:
Wondrous Realms of the Aegean

Berater:
James C. Wright, Professor für Klassische und Prähistorische Archäologie am Bryn Mawr College, führt seit 1973 Grabungen in Griechenland durch. Seit über einem Jahrzehnt leitet er das Nemea Valley Archaeological Project, eine interdisziplinäre Untersuchung des zwischen Mykene und Korinth gelegenen Nemea-Tals.

Jeremy B. Rutter, Professor für Altphilologie am Dartmouth College und Fachmann für die Chronologie der Bronzezeit, hat mehr als 15 Jahre lang an verschiedenen Fundstätten in Südgriechenland gegraben. In letzter Zeit hat er als verantwortlicher Leiter der Keramikanalyse an der Ausgrabung der minoischen Hafenstadt Kommos (Kreta) mitgewirkt.

George F. Bass ist Inhaber der Abell-Professur für Nautische Archäologie des Institute of Nautical Archaeology an der Texas A&M University und Gründer dieses Instituts. Vor kurzem leitete er die Bergung des ältesten Wracks der Welt *(S.147–157)*, das ins 14. vorchristliche Jahrhundert datiert wird.

Die Kunsthistorikerin und Archäologin Diana Keeran Withee arbeitet für die National Gallery of Art in Washington, D.C., als Koordinatorin der Lehrer- und Schulprogramme. Sie hat Artikel zu verschiedenen Fragen im Zusammenhang mit der Konservierung therischer Fresken geschrieben.

Second German printing 1994.

ISBN 90-5390-517-0

Dieser Band gehört zu einer Reihe, die sich mit der Kultur und Geschichte alter Völker befaßt und anhand archäologischer Funde lebendig rekonstruiert, wie sich das Leben in längst vergangenen Welten abgespielt hat.

Einband: Diese aus Goldblech gehämmerte Maske fand der Archäologe Heinrich Schliemann in einem königlichen Schachtgrab in Mykene. Beeindruckt von den energischen griechischen Zügen, zog er den voreiligen Schluß, sie sei für Agamemnon angefertigt worden, den Anführer der Eroberer von Troja. Hier ist das um 1600 v. Chr. geschaffene majestätische Antlitz vor dem Hintergrund des Löwentores zu sehen, des Haupttores der Zitadelle von Mykene. Das rund drei mal drei Meter große und fast einen Meter tiefe Bauwerk ist nach den beiden – heute kopflosen – Löwen benannt, die das Kalksteinrelief über dem Türsturz zeigt.

Vorsatzblätter: Illustration von Malcolm Chandler

Zeittafel: Illustration von Paul Breeden

Farbreproduktion: The Lanman Companies, Washington D.C., USA
Satz: Utesch Satztechnik GmbH, Hamburg
Druck und Einband: Arnoldo Mondadori, Verona, Italien

30 29 28 27 26 25 24 23 22 21 20 19 18 17 16 15 14 13 12 11 10 9 8 7 6 5 4 3 2

UNTERGEGANGENE KULTUREN

DIE VERSUNKENE WELT DER ÄGÄIS

Von der Redaktion der Time-Life Bücher

TIME-LIFE BÜCHER, AMSTERDAM

INHALT

Die Wogen der tiefblauen Ägäis umspülen die sonnenheißen Gestade der Kykladeninsel Melos, auf denen die Ruinen von Phylokapi liegen (Vordergrund). In verschiedenen Schichten wurden hier drei aufeinanderfolgende bronzezeitliche Städte und darunter noch Artefakte aus der Steinzeit entdeckt. Die jüngste Siedlung hatte ihre Blütezeit um die Mitte des 2. Jahrtausends v. Chr. Melos' Bedeutung beruhte auf ihren Obsidianvorkommen.

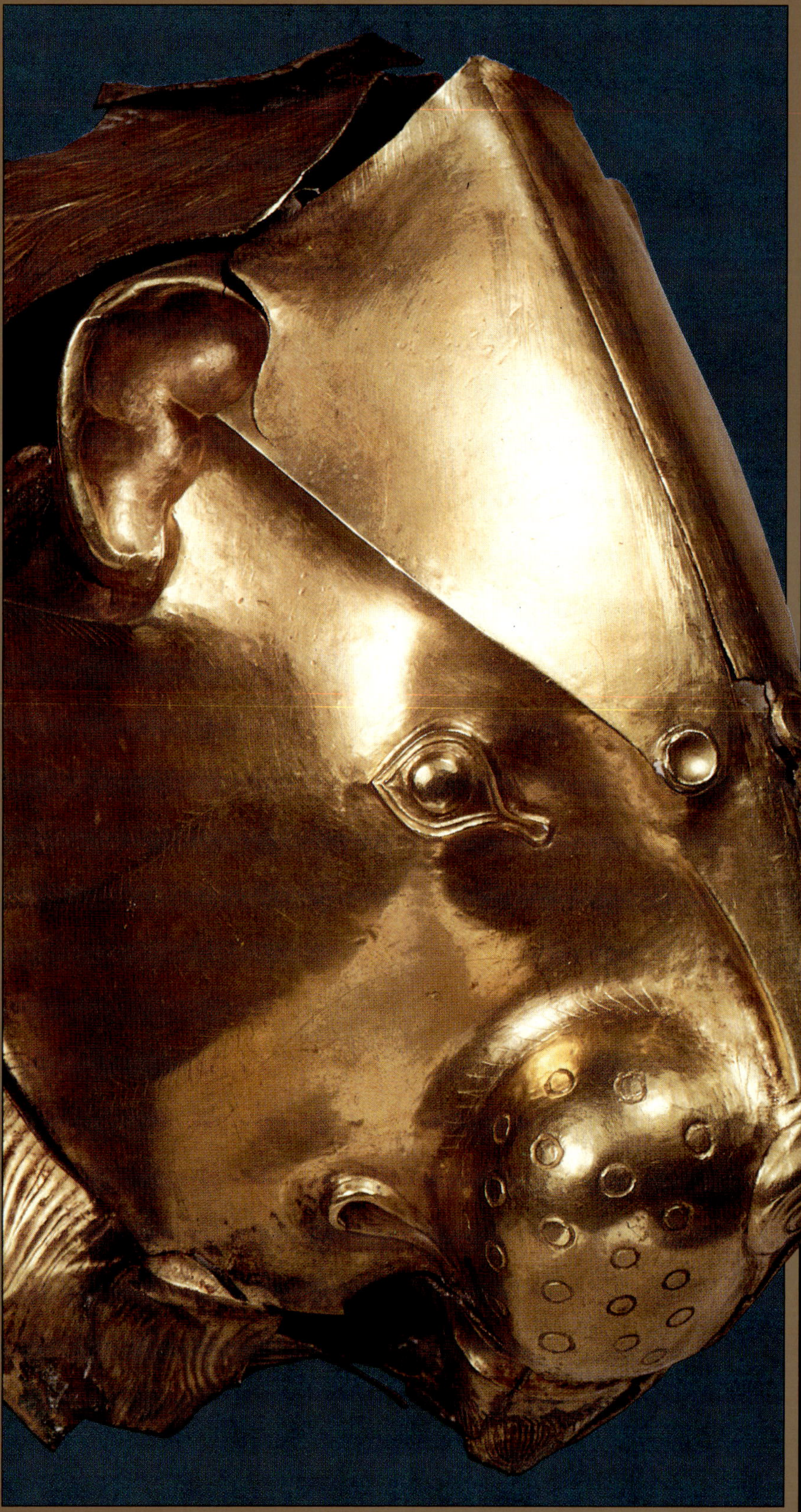

AUF DEN SPUREN VON HOMER

Nur Sand, Schutt und Steine fallen dem Besucher auf, der sich dem Hügel nähert. Und doch handelt es sich um eine der faszinierendsten archäologischen Stätten der Welt, eine knapp 50 Meter hohe Erhebung, die Schicht um Schicht aus den Ruinen mehrerer aufeinanderfolgender antiker Städte besteht. Unter der kargen Oberfläche befinden sich nicht weniger als zehn Trojas, die eine von der frühen Bronzezeit bis zur Römerzeit reichende, 3500jährige Periode umspannen. 1988 reisten deutsche, österreichische, dänische, britische, mexikanische, amerikanische und türkische Wissenschaftler an, um an diesem Ort im Nordwesten der Türkei, rund fünf Kilometer südlich der Dardanellen – der Meerenge, die Europa von Asien trennt – mit ihren Grabungen zu beginnen. Die Aufgabe war gewaltig, und vor ihnen lag eine unabsehbare Zahl von Jahren, die sie Sommer für Sommer zu weiteren Untersuchungen zurückführen würden.

Über 3600 lange Jahre hat dieses Rhyton, ein rituelles Trinkgefäß mit einem aus Gold getriebenen Löwenkopf, in einem Grab in Mykene seinen Glanz bewahrt. Mykene war die Heimat einiger der berühmtesten Krieger der griechischen Vorzeit.

Hissarlik, so heißt der Ruinenhügel, überblickt den nördlichen Teil der Ägäis, der Geburtsstätte der ersten europäischen Kulturen. Westlich von ihm erstreckt sich eine Kette kleiner, wie Juwelen in ihrer türkisfarbenen Fassung schimmernder Inseln zum griechischen Festland, das mit felsigen Klauen in die sonnenfunkelnde See greift und unzählige Buchten und natürliche Häfen bildet. Gleichsam an der Spitze der Halbinsel Attika im östlichen Mittelgriechenland aufgehängt, umgibt eine Girlande von Inseln, die Kykladen, die südliche Ägäis. Weiter nach Süden führen diese Inseln zum langgestreckten, gebirgigen Kreta und, jenseits davon, zum offenen Mittelmeer.

Zu einer Zeit, in der die meisten Europäer noch in primitiven Hütten hausten, befanden sich die Bewohner dieser Inseln, ebenso wie die von Troja, bereits auf einer sehr hohen Stufe der Zivilisation und Kultur. Sie durchkreuzten mit ihren Schiffen die Meere, bauten Paläste, entwickelten eigene Alphabete, genossen einen äußerst hohen Lebensstandard und schufen Wandmalereien, die denen Ägyptens, das etwa um dieselbe Zeit sein Goldenes Zeitalter erlebte, in nichts nachstanden. Doch schon zu Beginn der christlichen Ära waren diese frühen Bewohner der Ägäis in Vergessenheit geraten. Erst als vor einem runden Jahrhundert ein deutscher Kaufmann und Archäologe in Hissarlik ein Fenster in die ferne Vergangenheit aufstieß, traten sie wieder hervor.

Heute durchzieht Hissarlik eine Vielzahl von tiefen Schnitten und Gräben, die die verschiedenen Siedlungsschichten sichtbar machen. Eine davon besteht aus den Ruinen der befestigten Stadt, die in einem der größten literarischen Werke aller Zeiten verewigt wurde – Homers *Ilias*. Das vor rund 2700 Jahren entstandene Versepos ist ein Heldenlied von unvergleichlicher sprachlicher Ausdruckskraft, beseelt von den heftigsten Emotionen, die von Wut und Rachsucht bis hin zu jeder Form der Liebe reichen – sexueller Leidenschaft, den innigen Gefühlsbanden zwischen Eltern und Kindern, der Liebe zum Ruhm, die den Krieger in die Schlacht treibt. Die *Ilias* schildert die entscheidenden Wochen eines zehnjährigen Rachefeldzugs: König Agamemnon und eine große Anzahl griechischer und kretischer Fürsten waren mit einer gewaltigen Streitmacht gegen das Troja des Königs Priamos gezogen, dessen Sohn Paris die schöne Helena entführt hatte – die Königin von Sparta und Gattin von Agamemnons Bruder Menelaos.

Die Geschichte gipfelt in der unvermeidlichen Konfrontation zweier überragender Krieger: des nahezu unverwundbaren Achilleus, eines Verbündeten des Agamemnon, und des Trojaners Hektor. Das Schicksal in Gestalt der ewig sich einmischenden Götter führt die beiden auf der staubigen Ebene vor Troja zum letztenmal zusammen. Hektor unterliegt, erweist sich aber bis zuletzt als tapferer Streiter: „Also stürmete Hektor, das hauende Schwert in der Rechten. / Gegen ihn drang der Peleid', und Wut erfüllte das Herz ihm / Ungestüm. Er streckte der Brust den gerundeten Schild vor, / Schön und prangend an Kunst . . ." Gegen den Zorn des grimmigen Achilleus haben weder Hektor noch sonst ein trojanischer Krieger eine Chance. Dennoch hält Troja dem Ansturm stand, bis die Griechen schließlich vorgeben, sich zurückzuziehen, um dann mit Hilfe eines hölzernen Pferdes, das sie dem Gegner zum Geschenk machen, Männer in die Burg einzuschleusen – eine Kriegslist, von der die andere große Homerische Dichtung, die *Odyssee*, berichtet.

Zur Zeit des homerischen Troja gingen Handelsschiffe in der nahe gelegenen Beşikbucht, die damals größer war als heute, vor Anker. Während sie auf günstige Winde warteten, erkrankten naturgemäß immer wieder einige Seeleute und starben. Ihre Leichname wurden auf einem Friedhof beigesetzt, den man 1984 auf der Landspitze entdeckte.

Der Mythos von Tapferkeit, Hinterlist und Leidenschaft ist es, der Scharen von Archäologen nach Hissarlik zieht. Dabei ist das wissenschaftliche Interesse an dieser Stätte erst vor vergleichsweise kurzer Zeit erwacht. „Entdeckt" wurde der Hügel in der zweiten Hälfte des 19. Jahrhunderts, und zwar von dem brillanten Altertumsforscher Heinrich Schliemann, der keine Kosten und Mühen scheute, um sich einen Traum zu verwirklichen: die Wahrheit der in den altgriechischen Mythen und namentlich der *Ilias* geschilderten Ereignisse nachzuweisen.

Die Liebe zu den Homerischen Dichtungen führte Schliemann darüber hinaus zu den Spuren eines weiteren, bis dahin nur aus Sagen bekannten Volkes – der Mykener, die lange vor Entstehung der klassischen griechischen Kultur die Peloponnes bewohnten. Die Mykener, die sich um 1600 v. Chr. als eine homogene Kulturgemeinschaft herauskristallisierten und um 1050 v. Chr. von der Bühne der Weltgeschichte abtraten, waren Individualisten mit ausgeprägten Leidenschaften; insbesondere liebten sie die Aufregungen des Krieges und der Jagd. Sie bauten massive Zitadellen mit Hallenpalästen, durchstreiften die Meere mit immer zahlreicheren Schiffen und konnten dadurch ihre Macht und ihren kulturellen Einfluß auf die ganze Ägäis ausdehnen.

Doch auch die Mykener waren, wie sich herausstellte, die Erben einer noch früheren, höher entwickelten geistigen und materiellen Kultur: der der kretischen Minoer. Knapp drei Jahrzehnte nach Schliemanns aufsehenerregenden Funden entdeckte ein anderer Archäologe, der Brite Sir Arthur Evans, dieses ältere ägäische Volk, das, den Überresten seiner Kultur nach zu urteilen, weniger kriegerisch, mit mehr Gemeinsinn begabt und künstlerisch wie handwerklich bemerkenswert hoch entwickelt gewesen zu sein schien. Bald gelang es anderen Archäologen, die Anfänge der Geschichte der ägäischen Zivilisation noch weiter in die Vergangenheit zurückzuverfolgen, bis ins 4. vorchristliche Jahrtausend, und damit in die früheste Phase der Bronzezeit. Während dieser Periode entwickelten sich fortschrittliche Gesellschaften auf praktisch allen Inseln der Ägäis, vor allem auf deren innerem Ring, den Kykladen, die sich von der Peloponnes zum Südwesten der Türkei erstrecken. Troja stand also lediglich am Anfang der Geschichte der großen archäologischen Entdekkungen an den Gestaden von Homers weindunkler See: der Mykener, der Minoer und der kykladischen Gesellschaften.

Die internationale Gruppe, die im Sommer 1988 in Hissarlik grub, wurde von dem deutschen Vor- und Frühgeschichtler Manfred Korfmann geleitet, der die Geschichte vom Trojanischen Krieg auf seine Weise interpretierte. Ausgehend von einer Entdeckung, die er Anfang der achtziger Jahre gemacht hatte, schien es Korfmann offensichtlich, daß dieser Feldzug weniger durch die schöne, treulose Helena als durch den Seehandel ausgelöst worden war. Knapp acht Kilometer südwestlich von Hissarlik hatte er einen Seefahrerfriedhof aus dem 13. Jahrhundert v. Chr., der Zeit des homerischen Troja also, ausgegraben. Anders als die meisten alten Nekropolen wies diese allerdings erstaunlich vielfältige Bestattungsformen auf. Manche der Toten waren verbrannt worden. Andere hatte man auf herkömmliche Art begraben, aber in sehr unterschiedlich gearteten Gräbern. Da keinerlei Siedlungsreste ausgemacht werden konnten, schloß Korfmann, daß diese Menschen sich hier nur vorübergehend aufgehalten und in provisorischen Unterkünften gewohnt hatten. Er nahm an, daß der Friedhof von Kaufleuten verschiedener Herkunft sowie den Besatzungen ihrer jeweiligen Handelsschiffe angelegt worden war. Diese Kaufleute, die mit Edelmetall, Keramik, Wein, Öl und anderen Gütern handelten, beabsichtigten, durch die Dardanellen in das Marmarameer einzulaufen – eines der schwierigeren Unterfangen im Rahmen der ägäischen Schiffahrt. Diese Meerenge bildet den Abfluß des Schwarzen Meeres, das von den großen Strömen Osteuropas und den eurasischen Steppen gespeist wird: Donau, Don, Dnjepr, Bug und Dnjestr. Die gestauten Wassermassen erzeugen in der Meerenge eine Strömung, die mit einer Geschwindigkeit von durchschnittlich drei bis – gelegentlich – fünf Knoten in das Ägäische Meer drängt. Bei günstigen Windverhältnissen konnte ein antikes Segelschiff diese Gegenströmung wohl überwinden, aber die herrschten selten. Selbst im Sommer kam der Wind meist aus nördlicher Richtung, also fast von vorn; und in den stürmischen Wintermonaten war die rauhe, windgepeitschte See sowieso unbefahrbar.

Häufig mußte ein vollbeladenes Handelsschiff daher in der einen oder anderen Bucht nahe der Einfahrt in die Meerenge vor Anker gehen und dort Tage, Wochen, ja mitunter Monate warten, bis Wind- und Wetterverhältnisse eine Weiterreise erlaubten. Diese Bedingungen waren für die Stadt Troja mit dem nächstgelegenen Ankerplatz, der Beşikbucht an der Leeseite eines schützenden Landvorsprungs, in gewisser Weise überaus günstig. Am Nordende der Bucht hatte Korfmann den Friedhof der Seefahrer entdeckt.

Die Beşikbucht, so argumentierte Korfmann, sei einst Schauplatz eines

Szenen aus der „Ilias" und „Odyssee" gibt der Sandsteinfries eines kleinasiatischen Grabes aus dem 4. Jahrhundert v. Chr. wieder. Ein Ausschnitt des Basreliefs (ganz oben) stellt möglicherweise den erbitterten Zweikampf zwischen dem Trojaner Hektor und dem Griechen Achilleus dar. Das Feld darunter zeigt die Trojaner, die ihre Stadt verteidigen.

Diese römische Kopie einer griechischen Homerbüste stellt den Dichter als alternden Mann mit starren, leblosen Augen dar. Ob Homer wirklich blind war, weiß man nicht. Es ist nicht einmal sicher, ob er die beiden Epen, auf denen sein Ruhm beruht, tatsächlich verfaßt hat.

regen Handels gewesen, und zwar weil so viele Kaufleute gezwungen waren, hier an Land zu gehen und längere Zeit zu bleiben. Die nahe gelegene, wehrhafte Stadt Troja beanspruchte wahrscheinlich einen Teil der Gewinne aus solchem Warenverkehr, vielleicht indem sie Abgaben in Form von Ankergebühren sowie überhöhte Preise für Nahrungsmittel und Dienstleistungen verlangte. Von widrigen Winden festgehalten, hatten die Kaufleute keine andere Wahl als zu zahlen.

Seine Stärke und seine geographische Lage machten Troja nicht nur reich, sondern, so Korfmann, auch zum Ziel territorialer Ansprüche. Sei es aus Verärgerung über die hohen Abgaben, die die Trojaner verlangten, sei es schlicht aus Gier nach ihrem Gold, auf jeden Fall könnten griechische und andere Kaufleute, bewaffnet und von einer größeren Streitmacht begleitet, zurückgekehrt sein und Troja belagert, geplündert und in Schutt und Asche gelegt haben – vielleicht sogar mehr als einmal. Zu Homers Zeiten, spekulierte Korfmann weiter, lagen diese Ereignisse schon so weit zurück, daß aus den blutigen, von niederer Habgier motivierten Raubüberfällen schließlich der von gewaltigen Heeren geführte, zehnjährige Krieg um Ehre und Ruhm wurde, den die *Ilias* besingt.

Homers Identität liegt im dunklen, doch seine zwei Epen, die *Ilias* und die *Odyssee*, dürften ungefähr zwischen 750 und 700 v. Chr. entstanden sein, als sich das alte Griechenland gerade von dem „dunklen Zeitalter" erholte, das dem Zusammenbruch der mykenischen Kultur um das Jahr 1050 v. Chr. gefolgt war. Diese finstere Epoche war durch kleine bäuerliche Siedlungsformen und das Fehlen einer Schrift gekennzeichnet. Bis weit in das 1. vorchristliche Jahrtausend hinein wurde die gesamte geistige Überlieferung der Griechen mündlich weitergegeben, und zwar vermutlich durch Generationen von Sängern und Erzählern, die die Mythen und Gesänge von ihren Vätern übernahmen und zu Gehör brachten. Homer selbst war ein Meister der mündlichen Tradition. Nicht nur seine, sondern auch viele andere mündlich überlieferten Volkserzählungen berichteten von den Taten der Götter, Heroen und gewöhnlichen Sterblichen aus ferner Vergangenheit.

Für die Griechen der archaischen und klassischen Periode (700–200 v. Chr.) waren Homers Epen historische Berichte über ihre Vorfahren, Schilderungen realer Menschen und Ereignisse. In dieser Zeit lebten auch die Tragiker Aischylos, Sophokles und Euripides. Diese drei großen Dichter gestalteten die alten Mythen zu Dramen um, die noch heute die Menschen überall auf der Welt bewegen.

Es konnte nicht ausbleiben, daß Troja zum hellenischen Nationalheiligtum wurde. Als Alexander der Große 334 v. Chr. auf dem Weg nach Persien die Dardanellen überquerte, machte er Station in der alten

DAS TROJANISCHE PFERD – DICHTUNG ODER WAHRHEIT?

Ob das Trojanische Pferd als taktische Waffe je existiert hat, ist fraglich. Falls ja, dürfte dieses „Pferd" kaum Ähnlichkeit mit herkömmlichen Schilderungen und Abbildungen gehabt haben.

Von Homer nur beiläufig in der *Odyssee* erwähnt, wurde es in Vergils *Äneis* (1. Jahrhundert n. Chr.), das von der Flucht des Helden und mythischen Stammvaters der Römer, Äneas, aus dem zerstörten Troja berichtet, ausführlicher beschrieben. Im Laufe der Zeit verwandelte sich das Trojanische Pferd mehr und mehr in ein Phantasiegebilde. Nach den Worten des griechisch schreibenden Epikers Tryphiodoros (5. Jahrhundert n. Chr.) war es weiß mit purpurn-goldener Mähne, Augen aus grünem Beryll und rotem Amethyst und Zähnen aus Elfenbein. Bildende Künstler schmückten das Geschöpf noch weiter aus. Doch gerade die Kunst könnte einen Hinweis auf die wahre Natur des „Pferdes" geben. Ein Relief aus dem 8. Jahrhundert v. Chr. *(unten)* zeigt nämlich assyrische Krieger, die mit einem Rammbock in eine feindliche Stadt einzudringen versuchen. Diese Belagerungsmaschine war eine mit Rädern versehene hölzerne Konstruktion, die von einer Handvoll in ihrem Inneren verborgener Männer bedient wurde. Ob die Griechen ein ähnliches, aber wohl primitiveres Gebilde dazu einsetzten, um Trojas Tor aufzusprengen und in die ummauerte Stadt zu gelangen, wird sich nicht mit Gewißheit klären lassen, doch es liegt im Bereich des Möglichen.

Vor Ort hat man die bekannte Sage jedenfalls zum Anlaß genommen, heutige Besucher Trojas mit einem als Touristenattraktion zusammengezimmerten, haushohen „Trojanischen Pferd" zu begrüßen *(Hintergrund)*.

Der hölzerne Rammbock, mit dem assyrische Krieger oben eine befestigte Stadt im Nahen Osten stürmen, könnte in der Sage zum Trojanischen Pferd geworden sein. Rechts zeigt eine auf der Insel Mykonos gefundene Amphore aus dem 8. Jahrhundert v. Chr. die älteste bekannte Darstellung des legendären hölzernen Pferdes.

So sah Giovanni Domenico Tiepolo im 18. Jahrhundert die getäuschten Einwohner von Troja, die mit dem hölzernen Roß die Griechen in die Stadt holen. Der venezianische Künstler gestaltete das Pferd und die ganze Szene nach dem für seine Zeit typischen Rokoko-Geschmack.

Ein pompejisches Fresko aus dem 1. Jahrhundert n. Chr. zeigt König Priamos' Tochter Kassandra (links), die warnend die Trojaner beschwört, das Pferd, das die griechischen Belagerer als Opfergabe zurückgelassen haben, nicht in die Stadt zu holen. Kassandra hatte von Apollo die Gabe der Weissagung empfangen, doch sollte zur Strafe, daß sie seine Anträge zurückgewiesen hatte, niemand ihren Prophezeiungen Glauben schenken.

Stadt. Er zollte ihrer Bedeutung Tribut, indem er den Göttern opferte, seinen Körper mit Öl salbte und – wie bei Bestattungen angesehener Griechen üblich – nackt um das mutmaßliche Grab des Achilleus lief, von dessen Geist der Makedonier sich beseelt fühlte. Auf all seinen Kriegszügen trug Alexander eine zerlesene Abschrift der *Ilias* bei sich.

Spätestens um die Mitte des 1. nachchristlichen Jahrtausends lebte kein Mensch mehr in König Priamos' alter Stadt. Dem Namen nach war Troja – oder Ilium, wie seine letzten Herren, die Römer, es genannt hatten – noch jahrhundertelang in der ganzen Ägäis bekannt, doch die genaue Lage der Stadt war in Vergessenheit geraten. Erst als im 15. Jahrhundert mit der Erfindung der beweglichen Drucklettern eine große literarische Renaissance einsetzte und 1488 in Florenz die erste gedruckte Homerausgabe erschien, wurden Agamemnon und Achilleus, Hektor und Helena erneut zu einem Begriff. *Ilias* und *Odyssee* betrachtete man nun allerdings nicht mehr als Beschreibungen realer Ereignisse. Die Gelehrten waren außerstande, die griechische Geschichte weiter als bis in das 8. vorchristliche Jahrhundert, als die ersten bekannten Olympischen Spiele veranstaltet worden waren, zurückzuverfolgen. Die Zeit davor lag fast völlig im dunkeln; die spärlichen Zeugnisse jener fernen Jahrhunderte legten den Schluß nahe, daß die ägäische Welt kulturell rückständig, arm und durch endlose kriegerische Auseinandersetzungen zersplittert gewesen war. Die Homerischen Schilderungen von Palästen, Gold und heroischen Idealen konnten, darüber waren sich die Gelehrten einig, nur Idealisierungen gewesen sein. Um diesen Standpunkt zu überwinden, bedurfte es eines Mannes von einzigartiger Vorstellungskraft. Und Heinrich Schliemann, der Entdecker Trojas, besaß nicht nur die in reichem Maße.

1822 in Neubukow bei Rostock als fünftes Kind eines protestantischen Predigers geboren, hatte Schliemann keine leichte Kindheit. Der Vater war ein Trinker, unterhielt in aller Offenheit Beziehungen zu einer Dienstmagd und behandelte seine Frau mit Geringschätzung. Jahrzehnte später sollte Heinrich in seiner Autobiographie ein nostalgisches, romantisch verklärtes Bild von diesen Jahren zeichnen: Er erzählte von einem Mädchen, das er liebte, von Streifzügen durch die Ruinen in der näheren Umgebung und von der großen Faszination, die die Trojasage schon sehr früh auf ihn ausgeübt hatte. Er behauptete, bereits im Alter von sieben Jahren zu der Überzeugung gelangt zu sein, daß der Trojanische Krieg wirklich stattgefunden hatte, und sich geschworen zu haben, eines Tages die homerische Zitadelle zu finden und auszugraben. Neuerdings äußern manche Forscher die Ansicht, Schliemann habe in Wirklichkeit erst im reifen Mannesalter ein Interesse an Troja entwickelt. Sie belegen dies mit der Tatsache, daß er in seinen rastlosen Jugendjahren viele Länder bereiste, Griechenland aber erst besuchte, als er bereits in den Vierzigern war. Hinzu kommt, daß Schliemann es zeit seines Lebens mit der Wahrheit nicht allzu genau genommen hat.

Als Schliemann 14 Jahre alt war, traf ihn ein weiterer Schicksalsschlag. Der Vater wurde wegen unsittlichen Lebenswandels und Verdachts auf Untreue seines geistlichen Amtes enthoben, woraufhin die Familie in Armut geriet. Heinrich, ein vielversprechender Schüler, ging von der Schule ab und wurde zu einem Krämer in einem anderen Dorf in die Lehre gegeben. Dort blieb er fast fünf Jahre. Schließlich hielt er es nicht mehr aus; er gab seine Stellung auf und reiste nach Hamburg, von wo aus er nach Amerika auswandern wollte. Als es ihm nicht gelang, das für die Überfahrt nötige Geld zu borgen, heuerte er als Schiffsjunge auf einem Segler an, dessen Ziel Südamerika war. Die Fahrt endete mit einer Katastrophe. Das Schiff geriet schon in der Nordsee in einen schweren Sturm und sank vor der niederländischen Küste. Schliemann überlebte, nachdem er stundenlang an einem Faß festgeklammert im Wasser getrieben hatte, bis er von einem Rettungsboot aufgenommen wurde.

Knapp dem Tode entronnen, gab er – einstweilen jedenfalls – den Plan auf, in Übersee sein Glück zu versuchen. Statt dessen verdingte er sich in einem Amsterdamer Handelskontor als Kaufmannsgehilfe. Seine Vorgesetzten merkten bald, daß sie es mit keinem gewöhnlichen jungen Mann zu tun hatten. Er hatte einen Kopf für Zahlen, eine gute Beobachtungsgabe und ein unbestechliches Gedächtnis. Vor allem aber war er ehrgeizig – wenn nicht besessen von dem Wunsch nach Erfolg.

Erfolg im Handel setzte Fremdsprachenkenntnisse voraus, und Schliemann, der weder Zeit noch Geld für Vergnügungen oder Luxus

Sitzend posiert Schliemann vor der Hütte, in der er und seine griechische Ehefrau Sophia während der Ausgrabung von Troja wohnten, mit seinem Assistenten Dörpfeld direkt hinter ihm und einigen Gästen. In der Nähe hatte Schliemann mehrere mannshohe Vorratskrüge (Stich) ausgegraben; einer davon wurde zum Lager transportiert und diente bei Nacht einem Arbeiter als Unterkunft.

Diese 1880 entstandene Photographie zeigt Sophia mit Tochter Andromache und Sohn Agamemnon. Mit Rezitationen aus der „Ilias" gewann Sophia das Herz Schliemanns, der nach eigenen Angaben regelmäßig Agamemnons Nase massierte, um ihm zu einem klassischen griechischen Profil zu verhelfen.

vergeudete, kaum Freunde hatte und niemals ausging, investierte jede freie Minute in dieses Ziel. Indem er endlose Listen von Vokabeln memorierte, brachte er sich in sechs Monaten Englisch bei und in weiteren sechs Monaten Französisch. Da es ihm immer noch nicht schnell genug ging, entwickelte er eine Methode, die es ihm, wie er später berichtete, mit mündlichen und schriftlichen Übungen ermöglichte, jede Sprache binnen sechs Wochen zu erlernen. Knapp zwei Jahre, nachdem er seinen Posten in Amsterdam übernommen hatte, korrespondierte er mit anderen Handelshäusern in Englisch, Französisch, Niederländisch, Spanisch, Italienisch und Portugiesisch. Zuletzt beherrschte er 15 Sprachen.

Als von größtem Nutzen für seine spätere Karriere erwies sich das Russische, eine Sprache, die er sich bis 1844 vollkommen aneignete. Zwei Jahre später wurde er nach Sankt Petersburg geschickt, wo er die Interessen seiner Firma vertreten sollte. Von seiner äußeren Erscheinung her war er kaum der Typ des erfolgreichen Kaufmanns – erst 24jährig, klein von Wuchs, bieder, mit einer schrillen Stimme und einem übernervösen Verhalten. Doch so groß waren seine Talente, daß er schon bald durch den Handel mit Rohstoffen ein Vermögen erwarb. Zum Teil war sein Erfolg durch einen unstillbaren Wissensdurst bedingt, der ihn veranlaßte, sowohl durch persönliche Kontakte als auch durch eine Flut von Briefen Informationen zusammenzutragen.

Im Jahre 1850 erhielt er die Nachricht, daß sein jüngerer Bruder Ludwig als reicher Mann im Goldland Kalifornien an Typhus gestorben sei. Schliemann beschloß, das Erbe anzutreten. Während der Reise führte er penibel Tagebuch – eine Art der Selbstdarstellung, die letzten Endes in Zehntausenden von Briefen sowie 18 Reisejournalen und 12 Büchern, die er nach und nach veröffentlichte, ihren Ausdruck fand. Vielleicht ahnte er bereits, daß künftige Forscher sich für sein Leben und seine Laufbahn interessieren würden; jedenfalls begann er, seine Biographie durch gelegentliche Ausschmückungen zu bereichern. Zu den eher erfundenen Passagen im Tagebuch gehörte beispielsweise die Schilderung eines großen Empfangs in Washington und eines langen Gesprächs, das er bei diesem Anlaß angeblich mit Präsident Millard Fillmore und dessen Gattin führte; offenbar fand nichts dergleichen statt.

Das Vermögen seines Bruders erwies sich als Illusion, was Schliemann nicht hinderte, in Sacramento mit Goldstaub zu handeln und auf diese Weise binnen neun Monaten die für damalige Verhältnisse enorme Summe von 400 000 Dollar zu verdienen. Als er nach Rußland zurückkehrte, fühlte er sich finanziell hinlänglich abgesichert, um eine Familie zu gründen. Zur Frau wählte er die Tochter eines russischen Kaufmanns – eine schöne, hochmütige Frau, die ihm drei Kinder gebar. Der neue Familienstand hinderte Schliemann nicht, wie besessen weiterzuarbeiten. Bald beherrschte er den Markt für Indigo. Er investierte in

Immobilien. Als 1854 der Krimkrieg ausbrach, machte er ungeheure Gewinne durch den Handel mit Salpeter und Schwefel, den zwei wichtigsten Bestandteilen des Schießpulvers, und mit Blei für Geschosse. Doch der Reichtum ließ ihn nicht zur Ruhe kommen; er war unzufrieden mit seiner Ehe und glaubte sich ständig beweisen zu müssen.

Er verließ Rußland, um sich erst in Dresden und 1866 schließlich in Paris niederzulassen, wo er Sprachen und Archäologie studierte und in Grundbesitz investierte. Seine Frau blieb in Sankt Petersburg. Im Frühsommer 1868 besuchte er die griechische Insel Ithaka, die Peloponnes und jenen Teil Kleinasiens, der als der Schauplatz des Trojanischen Krieges galt. Diese Reise veränderte sein ganzes Leben.

Zu Schliemanns zahlreichen Interessen zählte die altgriechische Literatur. Die geschichtsträchtige und an literarischen Reminiszenzen überreiche Welt der Ägäis erweckte in ihm eine leidenschaftliche Begeisterung für die Überlieferungen dieses Kulturkreises, und er erkannte, daß er mit seinen Mitteln und Fähigkeiten die Möglichkeit hatte, hier als Forscher tätig zu werden. Das Geheimnis des Erfolgs schien ihm einfach: Man mußte nur an die Wahrheit der homerischen Worte glauben.

Dieser Überzeugung war er bereits, als er die Heimat des sagenhaften Helden Odysseus bereiste, der auf der Seite der Griechen vor Troja gekämpft und dann, wie in der *Odyssee* berichtet, zehn Jahre gebraucht hatte, um zu seiner treuen Gattin Penelope zurückzufinden. Über seine Ankunft in Ithaka schrieb Schliemann: „Jeder Hügel, jeder Stein, jeder Bach, jeder Olivenhain erinnerte mich an Homer, und so fühlte ich mich mit einem einzigen Schritt um Hunderte von Generationen zurückversetzt, in die glänzende Zeit des griechischen Rittertums." Schliemann stellte vier Arbeiter an und begab sich mit ihnen auf den Berg Aëtos, wo der Sage nach der Palast des Odysseus gestanden haben soll. Nachdem sie eine Zeitlang an der Ecke einer Steinmauer gegraben hatten, stießen die Arbeiter auf zwei Urnen mit Ascheresten. „Es ist durchaus möglich, daß sie die Asche von Odysseus und Penelope oder deren Nachfahren enthalten", lautete Schliemanns Tagebuchnotiz.

Solche fixen Ideen waren typisch für Schliemanns ganze archäologische Karriere. Immer wieder ließ er sich zu Schlußfolgerungen hinreißen, die – günstigstenfalls – durch nichts zu beweisen waren, aber viele Alter-

Dieses von Schliemann in Hissarlik aufgefundene – und einst in seinem Garten ausgestellte – Marmorrelief zeigt den Sonnengott Helios. Das zwischen dem 4. und der Mitte des 2. vorchristlichen Jahrhunderts entstandene Kunstwerk zeigt den Gott mit seinen vier Rossen bei Antritt seiner täglichen Reise, durch die er der Welt das Licht bringt.

tumskundler dazu brachten, ihn als publicitysüchtigen Spinner abzustempeln. Andererseits sollten Schliemanns ketzerische Spekulationen bald zu unbestreitbaren archäologischen Ergebnissen führen.

Sein erster großer Erfolg war die Entdeckung Trojas. Im Jahre 1868 machte er sich daran, den mutmaßlichen Schauplatz des Trojanischen Krieges zu erkunden und im Hinblick auf künftige Grabungen die wahrscheinlichste Lage der homerischen Zitadelle zu bestimmen. Es kamen dafür vor allem zwei Orte in Frage. Der eine war das Dorf Bunarbaschi, rund acht Kilometer von der Ägäisküste entfernt, der andere der knapp fünf Kilometer vom Meer entfernt gelegene Hügel Hissarlik. Unter den Gelehrten, die überhaupt bereit waren, die reale Existenz Trojas in Betracht zu ziehen, favorisierten die meisten Bunarbaschi, unter anderem weil sich jenseits des Dorfes ein hoher Grat erhebt, der für eine antike Stadt einen natürlichen Schutzwall dargestellt hätte. Andere zogen den küstennäheren Hügel Hissarlik vor, weil schon die Römer ihn für den ehemaligen Standort Trojas gehalten und auf ihm die Stadt Ilium Novum (Neues Troja) erbaut hatten.

Das modellierte Tongefäß aus einer der älteren trojanischen Siedlungen (um 2600–1800 v. Chr.) ist ungewöhnlich wegen seiner einzigartigen Behandlung des menschlichen Körpers. Das Einfülloch des Gefäßes befand sich im – jetzt fehlenden – Kopf, während der kleine Napf auf dem Bauch der Figur als Ausguß diente.

Mit seiner Homerausgabe in der Hand nahm Schliemann beide Stätten in Augenschein. Nach Aussage des Dichters hatte Achilleus Hektor dreimal um die Mauern Trojas verfolgt; also versuchte Schliemann, um Bunarbaschi herumzulaufen, mußte aber feststellen, daß sich der Hügel überhaupt nicht umrunden ließ. Nach einigen weiteren ergebnislosen Sondierungen in der näheren Umgebung des Dorfes wandte er sich Hissarlik zu, bestärkt durch einen Engländer namens Frank Calvert, der in der Gegend wohnte, einen Teil des Hügels erworben hatte und davon überzeugt war, daß die homerische Stadt darunter begraben lag. Nachdem er ausreichende Übereinstimmungen mit der homerischen Beschreibung festgestellt hatte, gelobte Schliemann, mit der Grabung zu beginnen, sobald er den *ferman*, die amtliche Erlaubnis, von der türkischen Regierung erhalten habe.

Fast zwei Jahre vergingen. In diesen zwei Jahren ließ sich der 46jährige Schliemann von seiner russischen Frau scheiden und bat einen Athener Bekannten, eine passende junge griechische Braut für ihn zu finden. „Sie muß eine Bewunderin des Homer sein", schrieb er. „Sie sollte den griechischen Typus verkörpern, schwarzhaarig sein und, wenn möglich, schön. Die wichtigste Voraussetzung aber ist ein gutes und liebevolles Herz." Ohne lange zu zögern, heiratete er eine der vorgeschlagenen Kandidatinnen, die 17jährige Sophia Engastromenos, die sich zu Schliemanns eigener Verwunderung in der Tat als eine warmherzige Frau und bald auch tatkräftige Partnerin bei seinen archäologischen Unternehmungen erwies. Sophia schenkte ihm zwei Kinder, eine Tochter, die Schliemann nach Hektors Gattin Andromache taufte, und einen

DER UNVERGÄNGLICHE GLANZ DES GOLDSCHATZES VON TROJA

Zur Empörung der türkischen Regierung vermachte Heinrich Schliemann den sogenannten Schatz des Priamos, den sagenhaften Goldfund, den er heimlich aus Troja fortgeschafft und zu seinen Lebzeiten in seinem Athener Haus ausgestellt hatte, dem deutschen Staat. Jahrelang bildete die Sammlung von Gefäßen, Waffen und Schmuckstücken den wertvollsten Besitz des Berliner Völkerkundemuseums. Später gehörte er dem Museum für Vor- und Frühgeschichte. Von dort wurde das Gold im März 1945 wegen der Bedrohung durch Bomben ausgelagert.

Seit sowjetische Truppen den Teil der Stadt besetzten, in dem sich das Museum befand, galt der Schatz des Priamos als verschollen. Die Regierung der UdSSR bestritt, die kostbaren Stücke verschleppt zu haben. Gelehrte und Liebhaber der Antike hielten den Schatz für unwiederbringlich verloren, da man nach alledem annehmen mußte, daß er entweder den Bombardements gegen Ende des Krieges oder plündernden russischen Soldaten zum Opfer gefallen war, die das Gold einschmolzen, um es leichter verkaufen zu können.

Seit Anfang 1993 besteht allerdings wieder Grund zur Hoffnung: Nach Angaben aus Moskau befinden sich Teile des Schatzes in Depots am Rande der russischen Hauptstadt. Sie sollen im Zuge der vereinbarten gegenseitigen Rückführung von Kulturgütern wieder nach Deutschland zurückkehren.

Sophia Schliemann (oben links), die griechische Ehefrau des Archäologen, führt Goldschmuck aus dem Schatz des Priamos vor: vier kunstvoll gearbeitete Ohrgehänge – zwei davon an ihrem Kleid befestigt –, ein filigranes Diadem und eine Kette aus Perlenschnüren.

Die Kopie des Diadems aus dem Schatz des Priamos (ganz oben) fertigte der Erfurter Goldschmied und Restaurator Wolfgang Kuckenburg im Auftrag der Staatlichen Museen zu Berlin an. Es besteht aus 106 Ketten mit 12 271 Gliedern und 4066 winzigen Goldplättchen.

Im Athener Haus Schliemanns entstand diese Aufnahme des Schatzes. Ausgestellt auf dem Regal unter dem Goldschmuck sind Becher aus Silber und Elektron (einer Gold-Silber-Legierung), Kupferwaffen sowie verschiedene Gefäße, darunter ein großer einhenkeliger Silberkrug, der die kleineren Schmuckstücke enthielt. Der Kupferschild und der Kessel ganz unten weisen alte Brandspuren auf.

Das Trinkgefäß unten, das vielleicht zur gemeinsamen Benutzung durch Gast und Gastgeber gedacht war, wurde für eine Ausstellung kopiert, die 1990 in Berlin und Athen zu sehen war. Das Original aus 23karätigem Gold wiegt 545 Gramm.

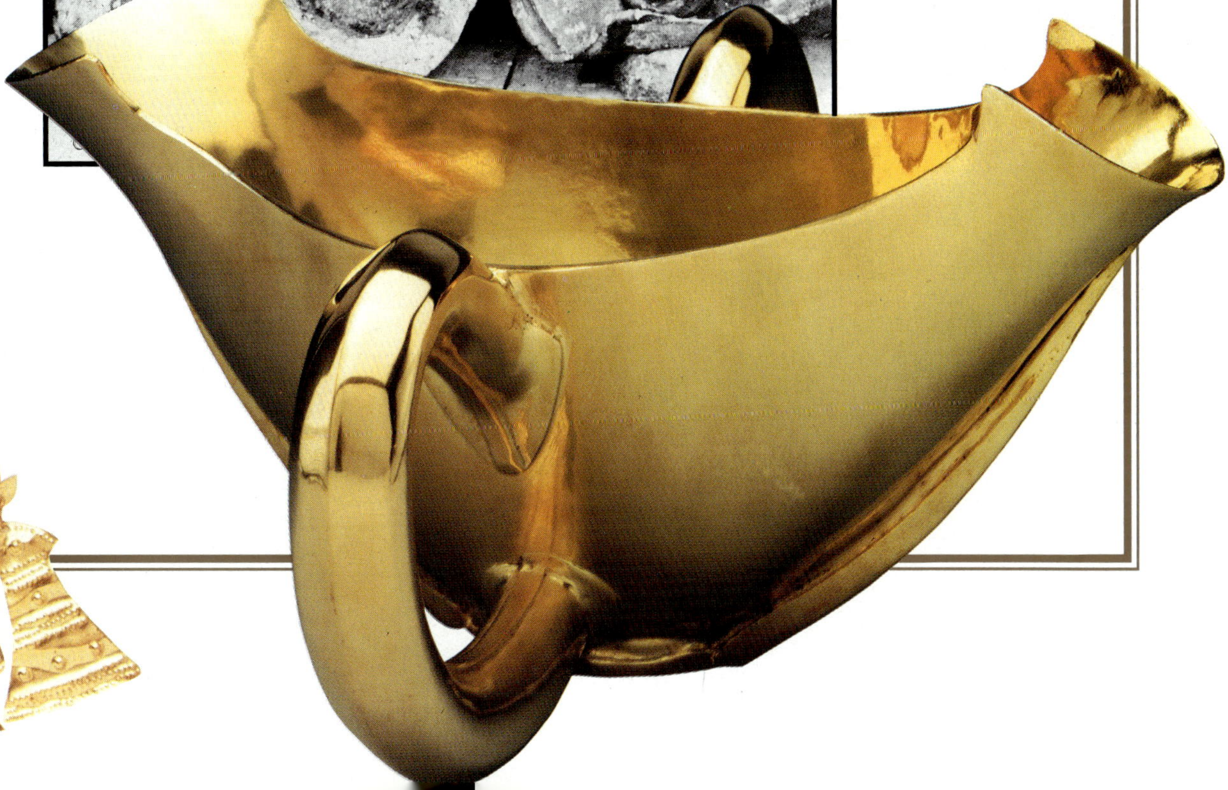

Sohn, dem er den Namen des griechischen Königs Agamemnon gab.

Im Jahre 1870 kehrte Schliemann nach Hissarlik zurück und machte sich – ohne Ferman – ans Werk. Er grub an dem zum Meer abfallenden Hang, den der für erfolgversprechender hielt als den Teil des Hügels, der sich im Besitz von Calvert befand. Nach 13 Tagen zwangen ihn die türkischen Eigentümer des Geländes, seine nicht autorisierte Tätigkeit einzustellen. Doch schon die kurze Zeit hatte ausgereicht, um einige eindrucksvolle Steinmauern freizulegen, die er als „sechs Fuß stark und von der wunderbarsten Bauart" beschrieb und die sich als Teil eines 20 Meter langen und 12 Meter breiten Gebäudes herausstellten. Schliemann sah seinen Homer bestätigt.

Dennoch verging ein weiteres Jahr, bis die türkischen Behörden ihm die ersehnte Grabungserlaubnis erteilten. Als es endlich soweit war, stellte er 120 Arbeiter ein und ließ von Oktober bis November einen tiefen Schnittgraben durch den Hügel ziehen. Zu seiner Verblüffung entdeckte er eine ganze Anzahl von Trojas – einander überlagernde Mauern, übereinander gebaute Städte, ein Durcheinander von Mauerwerk, Keramiken und allerlei zerbrochenen Artefakten. Überzeugt, daß das homerische Troja die älteste, also die unterste Schicht sein müsse, arbeitete er sich bis zur Basis des Hügels vor, ohne Rücksicht auf das zu nehmen, was ihm in den Weg kam. Dieses hastige Vorgehen brachte

Diese zeitgenössische Ansicht der Grabung Schliemanns in Mykene (unten) zeigt Sophia (Vordergrund) und Heinrich (Mitte rechts, mit Filzhut) vor dem Heer der Arbeiter (Hintergrund) an der Stätte von Grabkreis A. Auf der Photographie links stützt sich Schliemann auf eine der beschädigten Löwenskulpturen, denen das imposante Tor der Zitadelle seinen Namen verdankt. Sein Mitarbeiter Dörpfeld sitzt in der Maueröffnung oben links, während Sophia unten mit einigen Besuchern zu sehen ist. Das drei Meter hohe Kalksteinrelief aus dem 13. Jahrhundert v. Chr. ist die älteste bekannte griechische Monumentalskulptur.

ihm von seiten einiger zeitgenössischer Gelehrter denn auch Bezeichnungen wie „Grabräuber" oder „der zweite Zerstörer von Troja" ein.

Vor der Weiterführung der Grabung im Frühjahr 1872 betonte Schliemann erneut sein „unerschütterliches Vertrauen in Homer". Doch war der wichtigste Fund dieser Kampagne ein hellenistisches Artefakt, ein Marmorrelief, das Helios mit den vier Sonnenrossen darstellte und vermutlich zwischen dem 4. und der Mitte des 2. vorchristlichen Jahrhunderts entstanden war. Angetan von den „vier Pferden, die schnaubend und wild nach vorn blickend mit unendlicher Kraft durch die Atmosphäre des Universums dahinjagen", schmuggelte Schliemann das Werk außer Landes und ließ es in seinem Garten in Athen aufstellen.

Ein Jahr später barg er in den unteren Schichten zunächst nur primitive Töpferwaren und Steinwerkzeuge. Doch dann begannen die Tiefen des Ruinenhügels endlich das preiszugeben, wonach er die ganze Zeit gesucht hatte. Im April stieß er auf eine gepflasterte Straße und einige riesige irdene Vorratskrüge, die für eine fortschrittliche Wirtschaftsform sprachen. Fund folgte auf Fund. Im Mai legte er einen großen Bau frei, den er als „die Ruinen des Palastes des letzten Königs von Troja, der von Homer und der gesamten klassischen Überlieferung Priamos genannt wird" bezeichnete. Davor lagen die Überreste zweier wuchtiger Steinpfeiler. Das, entschied er, war das Skaiische Tor gewesen – Schau-

platz einer der bewegendsten Szenen der ganzen *Ilias*: Hektors Abschied von seiner Gemahlin Andromache, bevor er in den Kampf zieht.

Ende Mai förderte er schließlich etwas zutage, dessen außergewöhnliche Bedeutung außer allem Zweifel stand. In einer Mauer des mutmaßlichen Priamos-Palastes nahm Schliemann einen Goldschimmer wahr. Wie er später berichtete, schickte er zuerst die Arbeiter unter einem Vorwand weg. Dann machte er sich daran, mit einem Messer die steinharte Schuttschicht abzutragen, „ein Unternehmen, das im höchsten Maße lebensgefährlich war, denn die große Befestigungsmauer, unter welcher ich graben mußte, drohte jeden Augenblick auf mich herabzustürzen". Schließlich legte er eine große Menge goldener Artefakte frei, die man, wie er später erklärte, offenbar zum Abtransport in eine „Holztruhe von der Art gepackt hatte, die sich der *Ilias* zufolge in Priamos' Palast befanden". Schliemann und seine Frau trugen Trojas Gold in Sophias Schal eingewickelt davon.

Das Golddiadem rechts, eine Krone oder ein königliches Stirnband, befand sich unter den Schätzen, die Schliemann in den Schachtgräbern von Grabkreis A in Mykene entdeckte. Solche eigens als Grabbeigaben angefertigten Goldgegenstände schmückten Leichentuch oder Sarkophag beziehungsweise den Leichnam selbst.

Diese Darstellung, die man fast hundert Jahre lang für wahr gehalten hatte, erwies sich kürzlich als zumindest teilweise erdichtet. Unter anderem stimmte der Ort des Fundes nicht: Wie Nikolaos Yannakis, einer von Schliemanns zuverlässigsten Arbeitern, bereits 1878 einer Zeitschrift gegenüber erklärt hatte, befand sich das Gold nicht in der Palastmauer, sondern in einem Grab außerhalb des Bauwerks. Nicht zu bestreiten war allerdings, daß Hissarlik einen echten Schatz enthalten hatte, einen Hort von insgesamt fast 10 000 funkelnden Einzelobjekten. Mit Hilfe von Verwandten seiner Frau Sophia gelang es Schliemann, den Fund außer Landes zu schaffen und damit den türkischen Behörden zu entziehen; danach erst ließ er die Welt wissen, daß er den Schatz des Priamos gefunden habe.

Szenen aus der Natur, in Gold getrieben, schmücken eine hexagonale hölzerne Pyxis oder Kosmetikdose aus Schachtgrab V in Mykene. Bei den Reliefs aus dem 16. Jahrhundert v. Chr. verschmelzen unterschiedliche ägäische Motive zu einem lebendigen, eindeutig mykenischen Stil.

Doch er befand sich im Irrtum. Bei seiner fieberhaften Suche hatte er sieben Bebauungsschichten durchstoßen, ohne sie als solche zu erkennen, und den Schatz in der achten Schicht gefunden. (Unter dieser liegt eine neunte, die, wie die 1988 begonnene Grabung zeigen sollte, Spuren einer noch früheren Besiedlung überlagert.) Jede dieser Schichten repräsentiert eine Stadt, die auf den Ruinen einer jeweils älteren errichtet worden ist. Die unterste Schicht, die später als Troja I bezeichnet wurde, datiert aus der Zeit um 3000 v. Chr. und ist

somit fast zwei Jahrtausende älter als die in der *Ilias* genannte Stadt. Der Goldschatz war in der nächsten Schicht gefunden worden, dem sogenannten Troja II, einer befestigten Zitadelle aus dem Ende des 3. vorchristlichen Jahrtausends. Wie das homerische Troja ist auch diese Siedlung offenbar durch Feuer zerstört worden. Die obersten Schichten stellen Troja VIII, die griechische Stadt, in der Alexander dem Grab des Achilleus gehuldigt hatte, sowie Troja IX dar, das römische Ilium Novum, mit den Ruinen reich verzierter öffentlicher Bauwerke. Das dazwischen eingebettete Troja VI, das spätere Archäologen schließlich als die homerische Stadt identifizieren sollten, hatte er einfach ignoriert.

Einstweilen aber nahmen die meisten Menschen seine Erklärungen aufgrund des Goldes für bare Münze. Schliemann wurde schlagartig berühmt und schlachtete seine Entdeckung nach allen Regeln der Kunst aus, indem er mit Zeitungen korrespondierte, Vorträge hielt und mehrere Bücher veröffentlichte. Das Gold bewies in den Augen der meisten Fachwissenschaftler, daß das klassische Griechenland nicht, wie bislang angenommen, aus einem kulturellen Vakuum hervorgegangen war. Unbestreitbar hatte die Ägäis schon viele Jahrhunderte früher Reichtum, Pracht und hochentwickelte Lebensformen gekannt.

In den folgenden Jahren kehrte Schliemann immer wieder nach Hissarlik zurück. 1878 berichtete er, er habe „drei kleine Schätze und einen großen Hort von Goldschmuck" gefunden. Allerdings sei er, so

Ein in Mykene aufgefundener goldener Siegelring zeigt unter einer flammenden Sonne und einer Mondsichel eine Naturgöttin, die im Rahmen einer religiösen Zeremonie von Gläubigen Blumen empfängt. Die nur zweieinhalb Zentimeter in der Breite messende Szene enthält zahlreiche schwer zu deutende Symbole. Die Kleidung der Frauen und die Doppelaxt lassen minoische Einflüsse erkennen.

beklagte er sich bitter, durch die an seinen letzten Ferman geknüpften Bedingungen gezwungen gewesen, „zwei Drittel aller aufgefundenen Gegenstände dem Kaiserlichen Museum in Konstantinopel zu überlassen". Verglichen mit den 9074 Objekten, die er bereits aus der Türkei herausgeschmuggelt hatte und die er später Deutschland vermachte, dürfte der Anteil der türkischen Regierung jedoch nicht wesentlich ins Gewicht gefallen sein. Vorerst stellte Schliemann seine Schätze in seinem palastartigen Athener Haus aus.

Eine von Sophia in Auftrag gegebene Büste von Schliemann wacht vor dem tempelartigen Mausoleum des Ehepaares. Von dieser Stelle aus, die Schliemann mehrere Jahre vor seinem Tod als letzte Ruhestätte auswählte, hat man einen Blick auf die Akropolis und die Ägäis.

Mittlerweile richtete der Archäologe seine Aufmerksamkeit auf die andere Seite der Ägäis, wo eine nicht minder gewaltige Herausforderung auf ihn wartete – das auf einem Hügel oberhalb der Ebene von Argos in der östlichen Peloponnes gelegene Mykene. Über diese Stadt herrschte einst Agamemnon, und hier fand er auch seinen Tod: Der Sage nach wurde der König nach seiner Rückkehr aus dem Trojanischen Krieg von seiner Gemahlin Klytaimnestra und deren Liebhaber Aigisthos ermordet. Mykene spielte darüber hinaus in vielen anderen Sagen eine Rolle, und die imposanten Ruinen – zu denen auch eine massive, aus gewaltigen Blöcken gefügte Stadtmauer gehört, als deren Erbauer die mythischen Kyklopen galten – hatten seit der Antike zahllose Reisende und Gelehrte angezogen. Im 2. Jahrhundert schrieb der griechische Autor Pausanias: „Klytaimnestra und Aigisthos wurden etwas außerhalb der Mauer begraben, da man sie nicht für würdig hielt, dort bestattet zu werden, wo Agamemnon und die mit ihm Ermordeten ruhen." Die meisten Gelehrten vermuteten aufgrund der Erwähnung von Agamemnons Grab, daß mit besagter Mauer die äußere Stadtmauer, nicht die Hauptverteidigungsmauer von Mykene gemeint sein müsse.

Schliemann war anderer Ansicht. Ungeduldig wie immer, führte er 1874 einige schnelle, illegale Grabungen durch. Die Sondierungen blieben ergebnislos. Dennoch kehrte er 1876, diesmal im Besitz einer behördlichen Genehmigung, mit einer kleinen Armee von Arbeitern zu der archäologischen Stätte zurück und begann, ohne auf anderslautende Ratschläge zu hören, im Inneren der Zitadelle nach Gräbern zu suchen. Schon bald kamen einige wunderschöne Vasen, Messer, Pfeilspitzen, Figurinen und weitere Artefakte zum Vorschein. Ein paar Wochen später stieß er auf drei Grabstelen. Umgeben waren sie von einem doppelten Kreis von Steinplatten, die eine fast durchgehende, geschlossene Reihe von Sitzbänken bildeten und die Vermutung nahelegten, daß es sich um Mykenes öffentlichen Versammlungsplatz und sakrales Zentrum handelte. Fieberhaft grub er weiter. Weitere Stelen tauchten auf und unter ihnen fünf erdgefüllte, ein bis fünf Meter tiefe, rechteckige Schächte. Auf dem Boden dieser Schachtgräber lagen die Überreste von 19 Männern, Frauen und Kindern, „bedeckt mit köstlichstem Goldschmuck": Die Kinder hatte man in Leichentücher gehüllt, die mit Applikationen aus Goldblech in Gestalt von Bienen, Spiralen und Oktopoden versehen waren. Waffen, goldene Trinkgefäße, Broschen, Fibeln und vielfältige andere Schmuckstücke häuften sich um die Skelette. Allein dem Umfang nach übertraf dieser Hort den Schatz, den Schliemann Priamos zugeschrieben hatte, bei weitem. Aber auch die künstlerische Gestaltung der Objekte – die Einlegearbeiten, die getriebenen Ornamente, die meisterlich ausgeführten Kult-, Jagd- oder Kriegsszenen – war von ungleich höherer Qualität als alles, was Schliemann in Troja gefunden hatte. Das letzte Schachtgrab enthielt ein Skelett, dessen Gesicht von einer Goldmaske, einen bärtigen Fürsten darstellend, bedeckt war. Schliemann hegte keinerlei Zweifel bezüglich seiner Identität. Über seine Entdekkung schrieb er: „Ich habe Agamemnon ins Antlitz gesehen."

Er irrte sich abermals. Wie anhand stilistischer Merkmale der Töpferwaren und anderer Indizien später nachgewiesen werden konnte, waren die Schachtgräber im 17. Jahrhundert v. Chr. angelegt worden, also mehrere hundert Jahre vor der vermutlichen Zeit des Trojanischen Krieges (um 1250 v. Chr.). Doch nicht einmal Schliemanns erbittertste Kritiker konnten die überragende Bedeutung seiner Entdeckung bestreiten, denn was er ausgegraben hatte, waren die Zeugnisse einer bis dahin unbekannten Zivilisation. In den folgenden Jahren förderte er aus den Ruinen mehrerer anderer griechischer Zitadellen weitere Belege für den Reichtum, die Kunstfertigkeit und die Macht dieser Kultur zutage, die nach Agamemnons sagenhafter Stadt „mykenisch" genannt wurde.

1882 engagierte Schliemann den jungen Architekten Wilhelm

Ein Teil des umlaufenden Wandfrieses am Grab des Ehepaares Schliemann stellt den Archäologen in Troja mit Sophia dar, der er aus seiner Homerausgabe vorliest, während Diener und türkische Arbeiter Artefakte bergen. In den letzten Lebensjahren entwickelte Schliemann eine regelrechte „Homer-Besessenheit". „Einzig Homer interessiert mich noch", erklärte er einem Freund. „Alles andere wird mir immer gleichgültiger."

Dörpfeld als Mitarbeiter, der bei Grabungen auf einer umsichtigeren und weitaus systematischeren Vorgehensweise bestand. Dörpfeld sollte es vorbehalten bleiben, 1893 die neun Siedlungsschichten von Hissarlik zu definieren und nachzuweisen, daß nicht Troja II, sondern höchstwahrscheinlich Troja VI die homerische Stadt war.

Heinrich Schliemann starb 1890 im Alter von 68 Jahren an den Folgen einer Ohroperation. Sein Ruhm war mit der Zeit vor allem infolge seiner zahlreichen, wenn auch nicht immer absolut zuverlässigen Veröffentlichungen mehr und mehr gewachsen. Aus aller Welt trafen Beileidsbriefe in Athen ein. Sogar der König von Griechenland und eine Vielzahl weiterer adliger und bürgerlicher Würdenträger erwiesen ihm in seinem herrschaftlichen Haus die letzte Ehre.

Bei all seinen Fehlern hatte Schliemann es vermocht, die Öffentlichkeit wie kein Archäologe vor ihm zu begeistern. Doch er hatte einen würdigen Nachfolger, Sir Arthur Evans – britisch, wohlhabend und mit derselben unerschöpflichen Energie begabt, die für Schliemann kennzeichnend gewesen war. Auch er sollte die Zeugnisse eines unbekannten, hochentwickelten Volkes entdecken – der Minoer, wie er sie nach ihrem sagenhaften König Minos taufte. Dieser Herrscher und sein Reich wurden bereits in Homers Odyssee erwähnt: „Kreta ist ein Land im dunkelwogenden Meere, / Fruchtbar und anmutsvoll und rings umflossen. Es wohnen / Dort unzählige Menschen, und ihrer Städte sind neunzig . . . Ihrer Könige Stadt ist Knossos, wo Minos

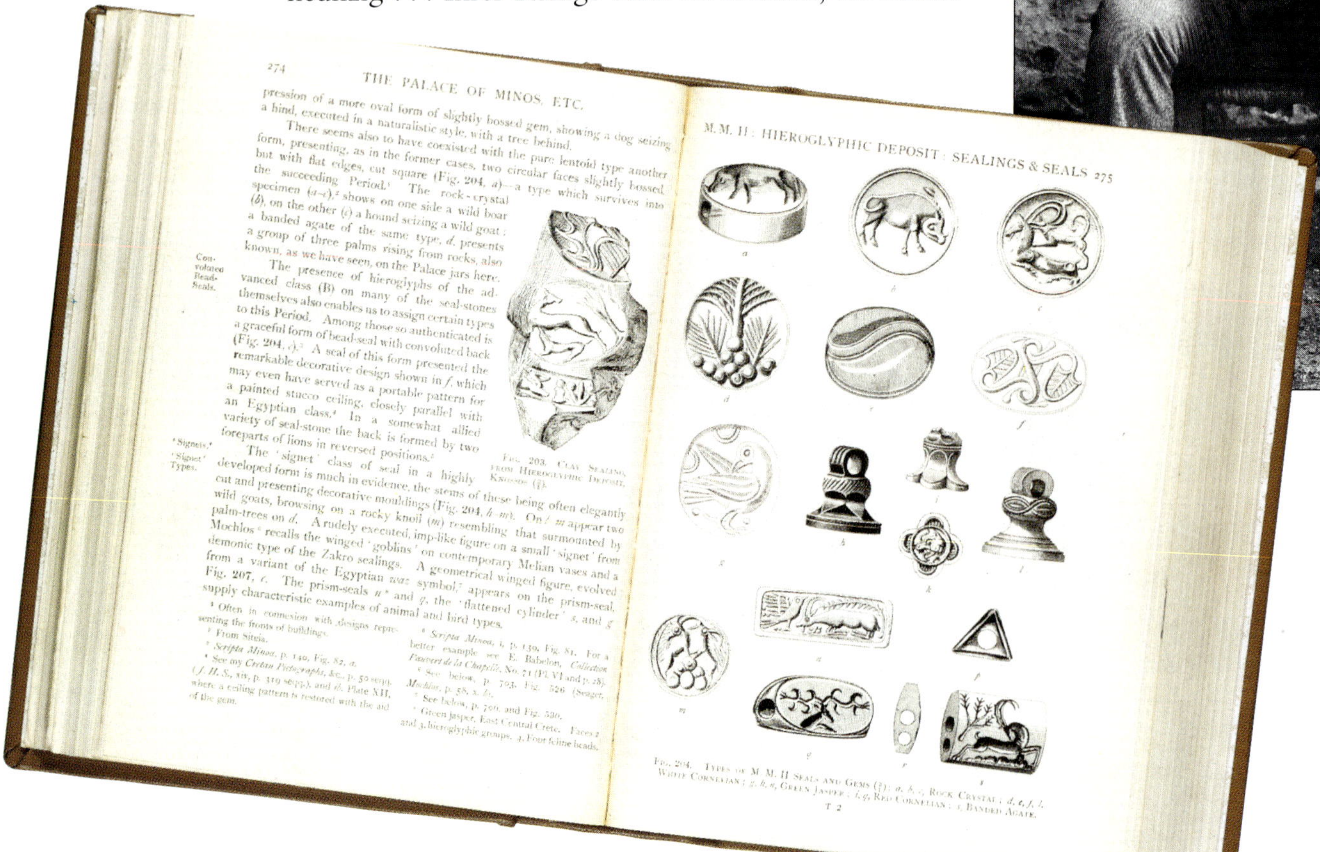

Mit einigen Gefäßen im mykenischen Stil läßt sich Arthur Evans, der Entdecker der minoischen Kultur, um 1900 in Knossos photographieren (links). Der britische Altertumskundler widmete einen großen Teil seines Lebens der Ausgrabung und Restaurierung des Palastes von Knossos, wobei er seine Entdeckungen in dem monumentalen vierbändigen Werk „The Palace of Minos" beschrieb. Eigentlich war Evans nach Kreta gekommen, weil ihn die Steinsiegel interessierten, mit denen er sich im zweiten Band seines Werkes (links unten) ausführlich befaßte.

geherrscht hat, / Der neunjährig mit Zeus, dem großen Gotte, geredet." Kreta und Minos kamen auch in verschiedenen anderen Sagen vor, aber insgesamt gesehen spielte das Inselreich im historischen Bewußtsein der alten Griechen nur eine marginale Rolle und hatte für spätere Gelehrte wohl auch nur ausschließlich mythischen Charakter. Vor Evans hätte niemand die verblüffende Wahrheit für möglich gehalten – daß die erste europäische Hochkultur dem kretischen Boden entsprang.

Arthur Evans brachte beste Voraussetzungen für eine wissenschaftliche Laufbahn mit. 1851 in Nash Mills in Hertfordshire geboren, wuchs er in einem weitläufigen Haus voller Dienstboten auf und genoß eine erstklassige Erziehung sowie ein Maß an finanzieller Sicherheit, wie es Schliemann in seiner Jugend nie gekannt hatte. Sein Vater, John Evans, war nicht nur ein ausgezeichneter Geschäftsmann, sondern auch einer der führenden Altertumskundler Englands. Er war mit zahlreichen Gelehrten befreundet und sammelte alte Münzen, römische Glaswaren, keltische Waffen und andere Zeugnissen der Vergangenheit. Durch diese intellektuelle Umgebung angeregt, begleitete Arthur bereits als kleiner Junge den Vater auf Grabungen.

Seine Kindheit war indes nicht frei von Leid. Als er sechs Jahre alt war, starb seine Mutter, und sein Vater heiratete kurz darauf ein zweites Mal. Als er in die renommierte Schule von Harrow eintrat, wurde er wegen seiner extremen Kurzsichtigkeit und Kleinwüchsigkeit gehänselt; als Erwachsener maß er nur 1,55 Meter. Trotzdem war er alles andere als ein schüchterner Junge, sondern barst vor Selbstvertrauen und besaß eine ungewöhnliche physische Leistungsfähigkeit.

Nach dem Abschluß in Harrow studierte er in Oxford und Göttingen. Während der Sommersemesterferien bereiste er den Balkan, eine Region, die seit langem unter dem türkischen Joch stöhnte. Seine dort gesammelten Erfahrungen faßte er in einem Buch über Bosnien und Herzegowina zusammen, und 1877 wurde er der Balkankorrespondent des *Manchester Guardian*. Als Journalist erwies er sich als äußerst voreingenommen; er ließ kein gutes Haar an den Türken und ergriff vehement Partei für die Sache des slawischen Nationalismus. Die Gefahren, die eine solche Haltung mit sich brachte, kümmerten ihn nicht. 1878 heiratete er die Tochter eines Oxforder Historikers und ließ sich mit ihr in Ragusa nieder, dem heutigen Dubrovnik. Die nächsten fünf Jahre belieferte er den *Guardian* mit Berichten von türkischen Greueltaten und slawischem Heldenmut. Schließlich schalteten sich die Behörden ein; Evans wurde festgenommen und des Landes verwiesen.

Zum Glück hatte Evans inzwischen ein zweites Buch über den Balkan veröffentlicht und sich einen Namen als Historiker gemacht. 1884 wurde er zum Kustos des Ashmolean Museum in Oxford ernannt. Gegen eine hartnäckige Opposition führte Evans diese damals relativ provinzielle Institution in ein neues Zeitalter: Er vergrößerte die Sammlungen, brachte sie in einem modernen Gebäude unter und verwandelte das Ashmolean während seiner 25jährigen Amtszeit in ein weltberühmtes Museum. Der Posten ließ ihm viel freie Zeit, und Evans wußte sie zu nutzen. Er fühlte sich zunehmend zur Archäologie hingezogen.

Im Frühling und Sommer 1883 waren er und seine Frau durch Griechenland gereist; sie hatten Mykene und andere vorgeschichtliche Fundstätten besichtigt und Heinrich Schliemann in Athen besucht. Die mykenischen Schätze, die dieser ausgegraben hatte, faszinierten Evans; ganz besonders hatten es ihm die – zumeist steinernen – Siegel angetan. Als er diese kleinen Objekte untersuchte, stellte er fest, daß seine starke Kurzsichtigkeit einen Vorteil hatte: Da er die Siegel aus nächster Nähe betrachten mußte, um sie überhaupt sehen zu können, war er imstande, Einzelheiten auszumachen, die bis dahin niemandem aufgefallen waren: Figuren und Symbole, die nicht recht zu einer festlandsgriechischen Kultur zu passen schienen. Eine winzige Darstellung eines Oktopus beispielsweise erinnerte eher an eine maritime Zivilisation; andere Formen und Muster wirkten irgendwie ägyptisch.

Während der nächsten zehn Jahre befaßte sich Evans in Vorträgen und Veröffentlichungen mit einer Vielzahl von antiken und prähistorischen Themen; gleichzeitig aber verfolgte er eine ganz bestimmte Idee. Vielleicht, so überlegte er, war dem Volk, das die Schachtgräber in Mykene mit Schätzen ausgestattet und auch andernorts in Griechenland eindrucksvolle Burgen errichtet hatten, eine noch ältere Hochkultur vorausgegangen. Falls es sich so verhielt, könnte diese Kultur eine Schrift besessen haben, möglicherweise den ägyptischen Hieroglyphen ähnlich. „Auf dem ganzen Gebiet des heutigen Europa", schrieb er, „muß es einst Bilderschriftsysteme gegeben haben, wie sie noch heute bei den primitiveren Menschenrassen anzutreffen sind."

Die Steinsiegel waren ein Indiz für die Richtigkeit dieser Hypothese. Während eines Aufenthalts in Athen konnte Evans 1893 kleine amulettartige Steine mit eingravierten Zeichen erwerben, die eine noch größere Ähnlichkeit mit Hieroglyphen hatten als die Verzierungen der mykenischen Artefakte. Die Händler erzählten ihm, die Steine stammten aus Kreta, der – damals türkisch beherrschten – rund 260 Kilometer langen und 100 Kilometer südlich von Griechenland gelegenen Insel. Evans hatte schon von einem Hügel namens Kephala, unweit der Nordküste Kretas, gehört, wo ein paar Jahre zuvor einige riesige Vorratskrüge ausgegraben worden waren. Der lokalen Überlieferung zufolge hatte sich auf diesem – ein Areal von etwa einem Hektar bedeckenden – Hügel einst Knossos befunden, die Stadt des sagenhaften Königs Minos.

Mit seinem Assistenten Duncan Mackenzie und dem Architekten Christian Doll reiht sich Arthur Evans, in Weiß, vor der Großen Treppe des Palastes von Knossos, einer seiner spektakulärsten Entdeckungen, in den Kreis der Arbeiter ein. Bei der „Rekonstitution" – so Evans' Terminus – der Treppe ersetzten Arbeiter verbrannte oder verrottete Holzbalken durch Eisenträger und Stahlbeton.

Schon Schliemann hatte sich mit dem Gedanken getragen, den Hügel zu untersuchen. In einem 1888 geschriebenen Brief erklärte er: „Ich würde die Arbeiten meines Lebens gern mit einem großen Werk schließen, dem prähistorischen Palast der Könige von Knossos auf Kreta." Er versuchte sogar, den Hügel seinen türkischen Besitzern abzukaufen, brach aber im Glauben, daß man ihn übervorteilen wolle, die Verhandlungen ab. 1894 verwirklichte Evans diesen Traum. Er erstand einen Teil des Hügels, wodurch er jedem anderen die Möglichkeit nahm, dort eine Grabung vorzunehmen. Kurz darauf erhob sich die christliche Bevölkerung gegen die türkischen Truppen, und Evans – antitürkisch wie eh und je – mußte sich ein paar Jahre gedulden.

Das Blatt wendete sich, als die Kreter schließlich die ersehnte Autonomie errangen. Mit Beginn des neuen Jahrhunderts konnte Evans mit den Grabungen beginnen. Er war 48 Jahre alt, Witwer und kinderlos. Sieben Jahre zuvor war seine geliebte Frau an Tuberkulose gestorben, ein Verlust, den er nicht verschmerzen konnte; fortan schrieb er alle seine Aufzeichnungen und Briefe nur noch auf schwarzgerändertem Papier. Seine ganze Leidenschaft sollte nun Knossos und Kreta gelten.

Von Anfang an erwies sich Kephala-Knossos als eine archäologische Fundstätte ersten Ranges. Am 23. März begannen 50 Arbeiter – schon bald sollten es 180 werden – unter seiner Leitung zu graben. Vier Tage später notierte Evans aufgeregt in seinem Tagebuch, er sei einem „außergewöhnlichen Phänomen" auf der Spur. Er hatte keinen Zweifel, daß er auf eine unbekannte Kultur gestoßen war, und spekulierte, sie müsse „zumindest in prämykenische Zeit zu datieren" sein. Wenige Tage später erschien ein erster Abgesandter dieser Kultur: Auf einer ebenen Fläche, die der ehemalige Fußboden einer Halle zu sein schien, fand man zwei Stücke eines Freskos, einer auf frischem Verputz ausgeführten Malerei. Die Fragmente zeigten die lebensgroße Figur eines Mannes, der einen Krug in Händen hielt und ein charakteristisches Hüfttuch trug, das den Archäologen bereits bekannt war: Männer mit exakt dieser Kleidung waren auf den Wandmalereien zahlreicher Gräber ägyptischer Adliger zu sehen. Diese Abbildungen zeigten sie als dem Pharao huldigende Tributpflichtige und wiesen sie durch entsprechende Inschriften als Keftiu oder „Inselmenschen" aus. Diese Keftiu, lautete Evans' Schlußfolgerung, mußten Kreter gewesen sein.

Im Zuge der Grabungen stellte sich der maritime Charakter dieser Kultur immer deutlicher heraus. Man fand Tonscherben mit Darstellungen von Oktopoden, Seeigeln, Seesternen und Delphinen. Der Dreizack, von manchen als Symbol der Herrschaft über das Meer gedeutet, erschien auf Mauern, Pfeilern und Siegeln. Auch wenn die Ägypter diese Inselbewohner mehr oder weniger als Vasallen des Nilreiches betrachtet und abgebildet hatten, konnte kein Zweifel bestehen, daß sie große Macht besessen hatten.

Unter der Oberfläche von Kephala befand sich eine riesige Palastanlage, die im Laufe der Jahrhunderte immer wieder umgebaut und erweitert worden war. An der Westseite des Hügels entdeckte Evans Fragmente von Fresken, die offenbar die Überreste einer prächtig bemalten Halle darstellten. Sie war von Steinbänken gesäumt, in deren Mitte ein erhöhter steinerner Sessel mit hoher Lehne stand. „Die kunstvollen Verzierungen", schrieb Evans, „die würdevolle Abgeschiedenheit, die außergewöhnlichen Ausmaße und die Höhe des Gipssitzes weisen den Raum eindeutig als Thronsaal aus." Von diesem Raum aus, dessen war er sich sicher, hatte der jeweils regierende Minos die Geschicke seines großen Seereichs bestimmt – denn wie Evans vermutete, war *minos* eher ein dynastischer Titel als ein Eigenname gewesen.

Diese erste Kampagne förderte auch Rätselhaftes zutage. Darstellungen von Stieren, die vermutlich religiöse Bedeutung besaßen, erschienen auf einer Reihe von Fresken und Reliefs; in manchen dieser Szenen waren Jünglinge zu sehen, die einen Salto über einen galoppierenden Stier vollführten. Eine rituelle Mutprobe, ein Spiel? Weibliche Figuren, die als Priesterinnen oder Göttinnen gedeutet wurden, gab es in großer Zahl. Bisweilen waren sie zusammen mit Tauben oder Schlan-

Dieses mit Einlegearbeit verzierte Spielbrett aus dem Palast von Knossos war nach Evans' Ansicht das herrlichste aller minoischen Artefakte überhaupt. Das 55 mal 95 Zentimeter messende Brett ist aus Elfenbein, Bergkristall, Gold, Silber und blauem Glas angefertigt. Es war vielleicht ein strategisches Würfelspiel, bei dem Vorausplanung und Glück über den Sieg entschieden. Ähnliche Spielbretter wurden ansonsten nur in ägyptischen Gräbern derselben Periode gefunden.

gen dargestellt, und häufig erschien die Doppelaxt, ein allgegenwärtiges Symbol der minoischen Religion. Zusätzlich zu all diesen bildlichen Darstellungen entdeckten die Ausgräber Hunderte von Tontafeln, in die schnurgerade Zeilen von Bilderschrift – vermutlich Inventarlisten – eingeritzt waren. Die Hoffnung auf genau einen solchen Fund hatte Evans nach Kreta geführt. Er erkannte, daß die Dokumente in zweierlei Schriftsystemen ausgeführt waren, die er Linear A und Linear B nannte, doch er war außerstande, sie zu entziffern.

Dessenungeachtet war diese erste Grabungssaison, die von März bis Juni dauerte, ein triumphaler Erfolg. Als man die Arbeiten für den Rest des Jahres einstellte, waren bereits Bauten auf einer Fläche von rund einem Hektar freigelegt worden. Evans hatte einen Architekten eingestellt, um mit ihm anhand der gefundenen Überreste von Säulen, Türen, Treppen, Decken und Fußböden einen Gesamtplan der Palastanlage anzufertigen. Knossos war offenbar ein riesiger Komplex von Hallen, Korridoren, Kultstätten und anderen Räumen gewesen, die sich um einen großen gepflasterten Innenhof gruppierten. Weitere Grabungen ergaben, daß der Palast ein Areal von rund zweieinhalb Hektar bedeckt und an die 1400 Räume umfaßt hatte.

Töpferwaren und andere Artefakte ermöglichten es Evans, den ältesten Palast zu datieren. Ägyptische Steinkrüge, die in Knossos zutage kamen, und prachtvoll verzierte minoische Tonwaren, die man in bereits datierten ägyptischen Gräbern entdeckte, bewiesen, daß der Palast um 1900 v. Chr. errichtet worden sein mußte. Evans ließ Schächte bis zum gewachsenen Fels treiben und fand Anzeichen einer fast kontinuierlichen Besiedlung der Stätte seit neolithischen Zeiten – möglicherweise, wie er schätzte, seit 8000 v. Chr. Spätere Untersuchungen ergaben, daß er sich um etwa zwei Jahrtausende geirrt hatte.

Die Welt stand kopf. Diese Funde, schrieb die Londoner *Times*, „erreichen – oder übertreffen vielleicht – an Bedeutung Schliemanns Entdeckungen". Archäologen aus aller Welt eilten nach Kreta, um andere Ruinenstätten auszugraben, so daß sich das Bild der Minoer als eines kulturell hochentwickelten und mächtigen Volkes rasch vervollständigte. Inzwischen war auch Evans nicht müßig. 1901 wurde an der Ostseite des großen Innenhofes eine Treppe freigelegt. Ein eingelegtes Spielbrett tauchte auf, ebenso weitere Fresken mit Darstellungen religiöser Riten sowie dekorativer Motive wie Blumen und Schmetterlinge.

Jahr um Jahr kehrte Evans zu der Palastanlage zurück. 1906 baute er in unmittelbarer Nähe der archäologischen Stätte eine Villa, füllte Keller und Speisekammern mit erlesenen Weinen und Spezialitäten von *Fortnum and Mason* in London und bewirtete einen endlosen Strom von Gästen. Für einen beträchtlichen Teil seines Vermögens ließ er Knossos nicht nur restaurieren, sondern auch zerstörte Mauern, Fußböden, Treppen und Säulen wiederherstellen. Anstelle der ursprünglichen Holzelemente – Säulen sowie die Stützbalken der größtenteils in Fachwerkbauweise konstruierten Mauern – verwendete Evans Stahlbeton, wobei er peinlich darauf achtete, das Aussehen des Originals so getreu wie möglich nachzuahmen. Er stellte einen begabten Schweizer Künstler an, Édouard Gilliéron, und ließ ihn die Fragmente der Fresken wieder zusammensetzen und die fehlenden Teile ergänzen.

Etwas wie diese kretischen Paläste hatten die Archäologen noch nie gesehen, und es entstand eine Theorie der sogenannten Palastkomplexe – straff verwalteter wirtschaftlicher Systeme, die eindrucksvoll bezeugten, daß die Organisationsgabe der Minoer ihren architektonischen und handwerklichen Fähigkeiten in nichts nachgestanden hatte. In den Kunstwerken spiegelte sich eine bemerkenswerte Liebe zu Natur und Meer wider, zu Wettspielen und Festlichkeiten, Luxus und Vergnügen. Die Minoer waren offensichtlich ein heiteres Volk gewesen, auf deren sonnigem Dasein keinerlei spürbare Bedrohung gelastet hatte. Und in der Tat währte die Zeit ihrer Größe erstaunlich lange, von etwa 2500 v. Chr. bis ungefähr 1400 v. Chr., als eine unbekannte Katastrophe den Untergang ihrer Zivilisation herbeiführte.

Evans selbst hegte gewisse Vermutungen bezüglich der Natur dieser Katastrophe. Kreta liegt in einem Gebiet heftiger seismischer Aktivität und ist häufigen Erdbeben ausgesetzt. Im Zuge seiner Grabungsarbeiten stellte er fest, daß mehrere der aufeinanderfolgenden Paläste von Knossos durch heftige Erschütterungen beschädigt worden waren. Die letzte und jüngste Schicht wies Spuren eines verheerenden Brandes auf, und viele Mauern und Decken waren offenbar eingestürzt. Evans glaubte, daß eine gewaltige geologische Katastrophe den Untergang des minoischen Seereiches herbeigeführt haben könnte.

Zwischen 1921 und 1935 veröffentlichte er die vier Bände seines Werkes *The Palace of Minos*, in dem er über die Ergebnisse seiner Grabungen berichtete. Als der letzte Band erschien, war Evans 84 Jahre alt. Er hatte ein wissenschaftliches Meisterwerk geschaffen, doch blieben zahlreiche Fragen über die Minoer einstweilen unbeantwortet – nicht zuletzt die nach ihrer Beziehung zu den anderen ägäischen Kulturen. Evans war davon überzeugt, daß die herrlichen Leistungen der griechischen Klassik in der minoischen Welt wurzelten und daß die Mykener nur eine Art „halbbarbarisches Zwischenspiel" dargestellt hatten. Letztere waren fraglos große Krieger gewesen, hatten seiner Meinung nach aber keinesfalls eine eigenständige Kultur hervorgebracht, sondern nur eine „regionale Variante" der minoischen Zivilisation. Hier irrte sich Evans, wie vor ihm Schliemann in anderen Punkten, und eine neue Generation von Archäologen sollte Beweismaterial ans Tageslicht fördern, das diese und weitere seiner Schlußfolgerungen widerlegen würde.

DIE AUSGRÄBER VON TROJA

Es ist schon merkwürdig, daß ein 2800 Jahre altes Epos über einen Krieg, der vielleicht nie stattgefunden hat, dessen Helden höchstwahrscheinlich erdichtet sind und dessen „Verfasser" keine einzelne Person, sondern eine Vielzahl namentlich unbekannter Sänger gewesen sein könnte, zu einer der größten Entdeckungen der modernen Archäologie führen sollte. Die *Ilias* gilt im Abendland zwar schon seit der Antike als eine der großen Schöpfungen der menschlichen Dichtkunst, doch stand jahrhundertelang für jeden ernsthaften Wissenschaftler zugleich fest, daß sie keinerlei historischen Hintergrund hatte. Im 19. Jahrhundert verwarf die sogenannte „romantische Schule" der Archäologie diese Auffassung. Heinrich Schliemann setzte es sich in den Kopf, die Wahrheit von Homers Gedicht zu beweisen.

1868 besuchte Schliemann den amerikanischen Konsul in den Dardanellen, Frank Calvert, der ihn zu einer Anhöhe in der Nähe seines Besitzes führte. Calvert hatte den Hügel, genannt Hissarlik, sondiert und festgestellt, daß er künstlich war. Er wies seinen Gast darauf hin, daß die Stätte der homerischen Beschreibung entsprach, und schon bald stand für Schliemann fest, daß sich unter diesem Schutthügel tatsächlich Troja befand. Während der folgenden 22 Jahre führte Schliemann sieben größere Grabungen auf Hissarlik durch. Als Mitarbeiter gewann er seinen Landsmann Wilhelm Dörpfeld *(im Bild rechts unten)*, für den Troja ebenfalls zur Lebensaufgabe wurde.

In den dreißiger Jahren öffnete der amerikanische Archäologe Carl Blegen den Ruinenhügel erneut und führte eine wissenschaftlichere Untersuchung durch. Dennoch war Blegen, wie seine deutschen Vorgänger, ein Romantiker. Er glaubte an die „geschichtliche Wahrheit" der *Ilias* und begab sich nach Hissarlik, um nach konkreten Beweisen zu suchen. Im Jahre 1988 traf schließlich ein weiterer Deutscher, Dr. Manfred Korfmann, in Troja ein, allerdings ohne vorgefaßte Meinungen und mit einer nüchterneren Zielsetzung. Die Geschichte dieser vier Männer – und das Schicksal der archäologischen Stätte, die sie für immer miteinander verbindet – ist ein Epos für sich.

Heinrich Schliemann

DER MANN, DER EINEN DICHTER BEIM WORT NAHM

Heinrich Schliemann war ein höchst widersprüchlicher Mensch, der in den letzten 20 Jahren seines Lebens von einem einzigen Wunsch besessen war: die historische Wahrheit der Homerischen Dichtung zu beweisen. Seine Methoden allerdings lösten heftige Kontroversen aus, die bis heute die Wissenschaftler entzweien. Während die einen in ihm den Vater der modernen Archäologie sehen, schmähen ihn andere wegen seiner überhasteten Ausgrabung von Hissarlik und werfen ihm vor, er habe aus der Fundstätte „die Ruine einer Ruine" gemacht. Umsonst mahnte ihn Frank Calvert, langsam und schrittweise vorzugehen, da es nach seinen Erkenntnissen nicht nur ein, sondern mehrere übereinandergelagerte Trojas gab. Statt auf ihn zu hören, ließ Schliemann einen tiefen Graben durch den Hügel ziehen.

Im dritten Jahr der Grabungen gab es für Schliemann nicht den geringsten Zweifel, daß die zweitunterste Schicht, Troja II *(unten)*, „Ilios' hohe Burg" enthielt. Ausgerechnet durch Wilhelm Dörpfeld, seinen späteren Mitarbeiter, wurde diese These widerlegt. Im Jahre 1890 entdeckten die beiden Forscher in der Schicht von Troja VI Tonscherben aus der mykenischen Periode – der Zeit also, in der man den Trojanischen Krieg ansiedelte. Dies überzeugte Dörpfeld davon, daß Troja VI die Stadt war, nach der sie beide gesucht hatten. Schliemann gestand den Irrtum ruhig ein: „Ich glaube, Sie haben recht." Er äußerte die Absicht, Troja VI gründlicher zu untersuchen, starb aber im selben Winter. Ironischerweise hatte seine Ausgrabung von Troja II zur Zerstörung eines Großteils der darüberliegenden Schicht von Troja VI geführt.

Um die unterste Ebene von Hissarlik zu erreichen, wo sich nach seiner Überzeugung das homerische Troja befand, ließ Schliemann diesen großen – 39 Meter langen und fast 10 Meter breiten – Graben in den Hügel treiben. Hunderte Tonnen von Erdreich und Gestein, und mit ihnen ungezählte Zeugnisse jahrtausendelanger Besiedlung, wurden abgetragen und ohne viel Federlesens den Abhang hinuntergekippt.

Knapp elf Meter unter der Erde stieß Schliemann auf die Ruinen von Troja II (links), die Schicht, die den sogenannten Schatz des Priamos enthielt. Troja II war eine reiche, gut befestigte Zitadelle gewesen, die allem Anschein nach durch eine große Feuersbrunst zerstört wurde – was sich weitgehend mit Homers Beschreibung deckte. Daß Schliemann diese Siedlung für die Stadt der Troer hielt, ist ein verzeihlicher Irrtum, wenn man seine unvollständige Kenntnis der Chronologie von Hissarlik in Rechnung stellt.

Wilhelm Dörpfeld

DER MANN, DER ORDNUNG IN DAS CHAOS BRACHTE

Im Jahre 1882 konnte Schliemann einen Teilnehmer der Grabung in Olympia, Wilhelm Dörpfeld, als Mitarbeiter gewinnen. Als Architekt erkannte Dörpfeld die komplexe Stratigraphie des Ruinenhügels und identifizierte neun Bebauungsschichten.

Nach Schliemanns Tod im Jahre 1890 wurden die Grabungsarbeiten bis 1893 eingestellt. Danach konzentrierte Dörpfeld seine Bemühungen auf die Schicht von Troja VI und legte einen Großteil dessen frei, was nicht durch Schliemann demoliert worden war, darunter auch Teile der Stadtmauer *(unten)*. „Unser Lehrer Schliemann", schrieb Dörpfeld, „hätte nie zu hoffen gewagt, daß die Mauern, die Homer besungen hat, so gut erhalten sein könnten." Er fand darüber hinaus Beweise, daß diese Stadt, ebenso wie Troja II, ein gewaltsames Ende gefunden hatte. Statt seine Entdeckung als die Widerlegung der Theorie seines verstorbenen Mentors zu feiern, erklärte Dörpfeld großmütig: „Schliemann ist nun rehabilitiert."

Auf der Höhe von Hissarlik, die vor Überraschungsangriffen aus der trojanischen Ebene ziemlich sicher gewesen sein dürfte, posieren Mitglieder der Dörpfeldschen Grabungsmannschaft. Zur Zeit von Troja VI lagen die Dardanellen, in der Antike Hellespont genannt, rund anderthalb Kilometer vom Burghügel entfernt.

Carl Blegen

DER MANN, DER SPATEN DURCH PINSEL ERSETZTE

Die Arbeiten am Hügel von Hissarlik gingen weiter, als 1932 der amerikanische Archäologe Carl Blegen dort ankam. Blegen hielt jede einzelne Phase der Grabung – die jetzt häufiger mit dem Pinsel als mit dem Spaten durchgeführt wurde – auf Zelluloid fest. Indem er sich auf die wenigen noch unberührten Areale konzentrierte *(gegenüber)*, gelang es ihm, Dörpfelds neun Hauptschichten in „nicht weniger als 46 Bauphasen" zu unterteilen, die er zwecks Identifikation mit Buchstaben bezeichnete. Heute besitzen wir eine nahtlose Dokumentation der Besiedlung von Hissarlik für einen Zeitraum von mehr als drei Jahrtausenden.

Blegens vorrangigstes Ziel war indes die stratigraphische Lokalisierung des homerischen Troja. Er gelangte zu dem Schluß, daß Dörpfelds Wahl, Troja VIh – die jüngste Bauphase der sechsten Stadt –, durch ein Erdbeben und nicht durch ein griechisches Heer zerstört worden war. Dörpfeld, der 1935 die Stätte besuchte, pflichtete ihm bei. In der nächsthöheren Schicht, Troja VIIa, gab es Indizien für einen drastischen Anstieg der Bevölkerungszahl innerhalb der Stadtmauer; im Fußboden verschiedener Häuser eingegrabene, mannshohe Vorratskrüge *(unten)* schienen auf eine Belagerung hinzudeuten. In derselben Schicht fand Blegen das Skelett eines Mannes, der, nach der Lage zu urteilen, „niedergeschlagen und einfach liegen gelassen worden war". Außerdem gab es Anzeichen für einen großflächigen Brand. „Es ist also Siedlung VIIa", schrieb Blegen, „die als das eigentliche Troja, die glücklose Feste, angesehen werden muß." Damit war die Angelegenheit indes noch nicht entschieden.

Schliemann und Dörpfeld ließen Teile von Hissarlik bewußt intakt, um die ursprüngliche Höhe des Ruinenhügels zu verdeutlichen. Blegen nannte einen dieser Abschnitte „die Insel" und machte das Photo links – mit einem Mann auf dem Gipfel als Maßstab –, um den Beginn des Siebenjahresprojekts zu dokumentieren. Die Insel lieferte eine Fülle von Erkenntnissen über Troja III, IV und V – weniger bekannte Siedlungen, die nie als Homers sagenhafte Stadt zur Diskussion standen.

Zwei Photos zeigen die sogenannte Insel in unterschiedlichen Stadien der Ausgrabung. Oben ist die Schicht von Troja IV erreicht. Zwei Jahre später, nachdem die Mauern von Troja III abgetragen wurden, verbleibt nur noch ein niedriger Sockel (links). Schliemann ließ innerhalb der Fundamente eines großen Bauwerks, das er als den Palast von Troja II identifizierte, einen weiteren Felsturm stehen (Hintergrund), das „Megaron".

Manfred Korfmann

DER MANN, DER TROJA MIT ANDEREN AUGEN SIEHT

Ein Jahrhundert nach dem Tod Schliemanns reiste ein Archäologe nach Troja, der in den Ruinen als erster nicht nach Homer zu suchen gedachte. „Wir gehen nicht von der *Ilias* aus", sagt Dr. Manfred Korfmann, „sondern betrachten diesen höchst interessanten Schnittpunkt verschiedener Kulturen vielmehr mit den Augen des Frühgeschichtlers." Als Leiter einer internationalen Gruppe von Forschern plant Korfmann ein 15jähriges Projekt zur Neubewertung von Hissarlik mit Hilfe hochmoderner Technologien, elektronischer Datenverarbeitung sowie luftbildarchäologischer Mittel *(unten)*. Erste Erfolge liegen schon vor: Das Team fand eine Siedlung unter Troja I, das sogenannte Troja 0, und einen Abschnitt einer unbekannten Mauer 400 Meter außer- und unterhalb der Zitadelle.

Im Rahmen des Projekts sollen die Wände von Schliemanns Graben und freistehende Mauern gesichert werden, um der weiteren Beschädigung der archäologischen Stätte durch die jährlich 300 000 Touristen vorzubeugen. Natürlich bleibt es nicht aus, daß Korfmann immer wieder nach der homerischen Stadt gefragt wird. Wie die meisten seiner Kollegen hält er Dörpfelds Troja VIh für die Stadt des Trojanischen Krieges – falls er tatsächlich stattgefunden haben sollte. „Ich glaube durchaus, daß die *Ilias* einen historisch wahren Kern enthält und daß diese geopolitisch wichtige Stätte, die die Meerenge und die Zufahrt zum Schwarzen Meer kontrollierte, in der Tat ein Schauplatz unzähliger Kriege gewesen ist. Die Frage, ob es je einen Paris oder eine Helena gegeben hat, muß indes hintangestellt werden."

Nachdem sie Schutt und Vegetation aus dem Schnittgraben abgetragen haben, errichten Arbeiter eine Stützmauer, die eine weitere Erosion verhindern soll. Das Ziel ist, den Graben so wiederherzustellen, wie er zu Schliemanns Zeit ausgesehen hat, und ihn als Denkmal der archäologischen Forschung zu erhalten.

UNTER VULKANISCHER ASCHE

Wo sich die blauen Fluten der Ägäis kräuseln, ragte einst das gebirgige Innere der vulkanischen Insel Thera empor; der Berg wurde vor mehr als 3500 Jahren bei einem gewaltigen Ausbruch in Stücke gerissen und versank – wie das sagenhafte Atlantis – im Meer.

Die Leiter des Steinbruchs auf der Ägäisinsel Santorin dürften innerlich sicher geflucht haben, als sie von der Entdeckung hörten, die ihre Arbeiter gemacht hatten. Zeit war Geld. Und sie waren weder bereit, die Produktion zu unterbrechen, noch Profiteinbußen hinzunehmen, nur um ein paar geheimnisvolle Steinmauern zu retten, die lästigerweise im Zuge der Abbauarbeiten freigelegt worden waren. Als aufstrebende Unternehmer des 19. Jahrhunderts wußten sie ganz genau, wo ihre Interessen lagen. Ihr Betrieb war ein kleines, aber entscheidendes Rädchen im größten Bauprojekt der damaligen Zeit, der Konstruktion des Suezkanals. Der Bimsstein, der auf der kleinen vulkanischen Insel – der südlichsten der Kykladen, 110 Kilometer nördlich von Kreta und über 180 Kilometer südöstlich des nächsten Punktes des griechischen Festlands gelegen – abgebaut wurde, war ein wesentlicher Rohstoff für die Herstellung des dauerhaften, salzwasserbeständigen Betons, den die Kanalkonstrukteure für die neuen Hafenanlagen in Port Said benötigten.

Im Januar 1866 aber, wenige Monate nach Beginn der Arbeiten am Suezkanal, war der seit langem untätige Vulkan, aus dem die reichen Bimssteinvorkommen der Insel stammten, wieder ausgebrochen. Mehrere französische Archäologen und griechische Wissenschaftler kamen angereist, um die Eruption und ihre Auswirkungen zu beobachten. Wie nicht anders zu erwarten, erregten die von den Betreibern des Steinbruchs bewußt ignorierten Mauern die Aufmerksamkeit der Besucher. Ein Mitglied der von der griechischen Regierung beauftragten wissenschaftlichen Delegation untersuchte die Steinblöcke und erkannte sofort, daß sie älter waren als die dicke Schicht aus Bimsstein und Asche, die Vulkanausbrüche in vorgeschichtlicher Zeit hinterlassen hatten.

Weit davon entfernt, die Begeisterung der Wissenschaftler zu teilen, setzten die Steinbrucharbeiter ihre Tätigkeit fort, ohne sich darum zu kümmern, daß sie wahrscheinlich dabei waren, wertvolles archäologisches Material zu Steinmehl zu verarbeiten. Der Eigentümer des Geländes sah sich zwar außerstande, die Abbauarbeiten anzuhalten, brachte aber immerhin so viel Interesse für die Sache auf, daß er zusammen mit einem einheimischen Arzt eine kleine Privatgrabung durchführte. Gemeinsam legten die beiden ein Haus mit mehreren Räumen frei und förderten eine ganze Sammlung von Tonscherben zutage.

Durch diese Funde neugierig gemacht, ließ sich ein französischer Vulkanologe, Ferdinand Fouqué, von einem Bauern aus der Gegend zu verschiedenen Schluchten führen, in denen schon ähnliche Altertümer entdeckt worden waren, und zeigen, was jener und einige seiner Nachbarn gefunden hatten: zwei goldene Ohrgehänge und zwei – allerdings längst ausgeraubte – kleine Gräber. Als Fouqué selbst zu graben begann, stieß er auf eine unterirdische Kammer mit einem zentralen Stützpfeiler aus Lavablöcken; darin befanden sich aus Obsidian, einem schwärzlichen vulkanischen Glas, verfertigte Klingen, ein menschliches Skelett und Stücke zerbrochener Töpferwaren, deren farbiges Dekor keinem bekannten klassischen Stil zuzuordnen war.

Fouqués Bericht veranlaßte zwei französische Gelehrte, Henri Mamet und Henri Gorcex, 1870 eine eigene, professionellere Grabung zu organisieren. Sie legten die Überreste weiterer verschütteter Häuser frei, alle stabil gebaut und von beträchtlichen Ausmaßen, und fanden Vorratskrüge, deren Inhalt zwar verkohlt und geschwärzt war, aber noch immer als Gerste, Linsen und Erbsen identifiziert werden konnte.

Als sie unter einem Weinberg gruben, stießen sie auf einen unterirdischen Gang und gelangten durch diesen in einen Raum, der sich unterhalb eines Haufens von Bimsstein und losem Kies befand. Was sie dort sahen, verschlug ihnen die Sprache: Die Wände der Kammer waren mit glattem, weißem Verputz bedeckt und mit äußerst realistischen, in leuchtenden Farben – Blaßgelb, Blutrot, Dunkelbraun und einem unglaublich strahlenden Blau – ausgeführten Fresken verziert. Als sie allerdings versuchten, den vulkanischen Auswurf, der die Malerei zum Teil verbarg, fortzuräumen, zerfielen die Fresken. Den Archäologen war klar, daß sie sich mit der Untersuchung ihres Fundes beeilen mußten – die Kiesschicht über ihren Köpfen drohte jeden Augenblick einzustürzen. Und tatsächlich gelang es ihnen, einen beachtlichen Schatz an Keramikscherben in Sicherheit zu bringen, bevor sich die Gesteinslawine löste. Wieder zusammengesetzt, ergaben die geborgenen Fragmente um die

DIE TOPOGRAPHIE VON THERA

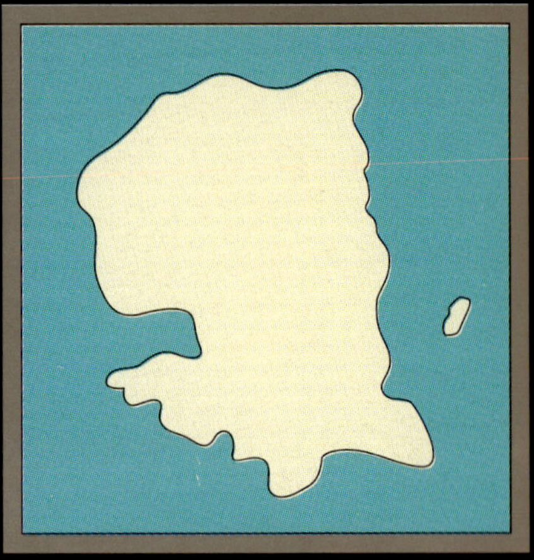

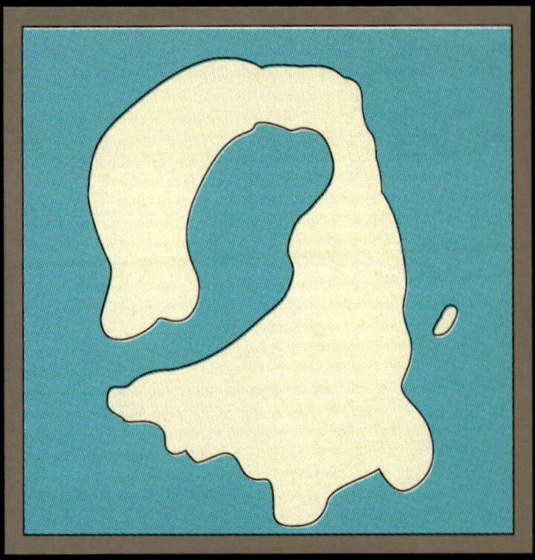

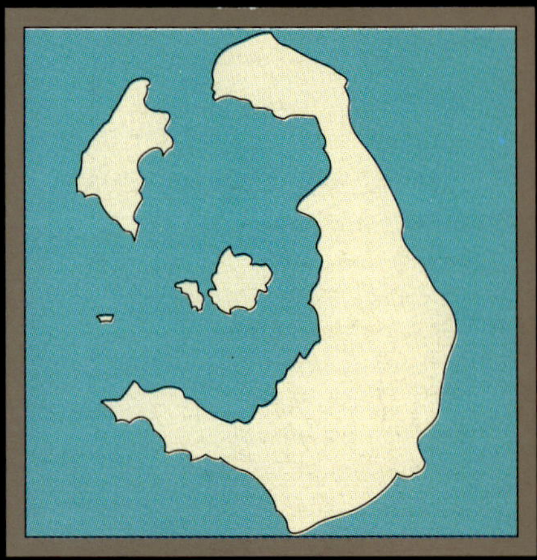

Im 2. Jahrtausend v. Chr. schleuderte ein gewaltiger Vulkanausbruch große Teile des Landesinneren der Insel Thera in der südlichen Ägäis *(links, oben)* in die Luft. Der Rand des Kraters stürzte an mehreren Stellen ein, und das Meer überflutete das riesige Becken *(Mitte)*. Im Laufe der Zeit trennte sich das nordwestliche Vorgebirge vom Hauptteil – dem späteren Santorin – und bildete eine eigenständige Insel: Therasia *(unten)*. Spätere Eruptionen führten zur Entstehung zweier weiterer Inseln.

Bis vor kurzem war man sich über das Datum des Ausbruchs, bei dem Asche und Gesteinsbrocken bis in eine Höhe von 3000 Metern emporgeschleudert wurden, weitestgehend einig: Um 1500 v. Chr. sollte er sich ereignet haben, und seine Auswirkungen, so dachte vor allem der griechische Archäologe Spyridon Marinatos, hatten zum Untergang der minoischen Kultur auf dem benachbarten Kreta geführt. Andere spekulierten, daß mit der Eruption einhergehende Seebeben und Flutwellen die Erklärung für den biblischen Bericht von der Teilung des Roten Meeres abgeben könnten. Beweise für diese Theorien gab es allerdings nicht.

Inzwischen haben dendrochronologische Untersuchungen in den verschiedensten Teilen der Welt ergeben, daß um 1620 v. Chr. das Wachstum der Bäume erheblich gestört war, vielleicht infolge einer Abkühlung der Atmosphäre durch eine riesige Aschewolke. Eisproben aus grönländischen Gletschern, die in die Zeit um 1620 v. Chr. datiert werden, weisen außerdem einen erhöhten Säuregehalt auf, der auf verstärkte vulkanische Aktivität irgendwo auf der Erde hinweist. Auf Thera selbst fand man mit Holz und Samen unter der Ascheschicht, die mittels Radiokarbonanalyse auf 1600 v. Chr. datiert werden konnten, Indizien dafür, daß der Ausbruch früher als 1500 v. Chr. erfolgte.

hundert in einem bis dahin unbekannten Stil kunstvoll dekorierte Vasen.

Weder Fouqué noch seine Landsleute waren imstande, die Objekte und die verschütteten Gebäude, in denen sie sich befunden hatten, zu datieren, beziehungsweise sie einem Volk oder einer bestimmten Epoche zuzuordnen; Sir Arthur Evans' Entdeckung der bronzezeitlichen minoischen Kultur von Kreta stand noch 30 Jahre aus. Die ersten Ausgräber wußten nur, daß die rätselhaften Schöpfer der Funde in einer fernen Vergangenheit gelebt haben mußten, in einem der Altertumswissenschaft unbekannten und von keinem griechischen Dichter der Antike besungenen Zeitalter. Zwar nahm in den 1890er Jahren ein deutsches Archäologenteam unter der Leitung des Freiherrn Hiller von Gärtringen ein paar Grabungen auf Santorin vor, doch es sollten fast hundert Jahre vergehen, ehe man einen energischen Versuch unternahm, das Rätsel der Insel zu lösen und die verschütteten Kunstwerke freizulegen.

Als schließlich eine mehrjährige, systematische Grabung durchgeführt wurde, mußte die Geschichte des Abendlandes neu geschrieben werden. Die Ergebnisse trugen dazu bei, eine große Lücke in der Kulturgeschichte des östlichen Mittelmeerraums zu schließen, denn zum Vorschein kam eine unbekannte Epoche, die den ersten Anfängen der griechischen Klassik um tausend Jahre vorausgegangen war. Die bisherigen Vorstellungen von barbarischen Inselbewohnern, die kulturlos vor sich hin gedämmert hatten, bis der Fanfarenstoß der griechischen Zivilisation sie weckte, erwiesen sich als vollkommen unhaltbar.

Was auf Santorin unter Asche und Bimsstein verborgen lag, waren die Zeugnisse einer wohlgeordneten, weltoffenen Gesellschaft. Ihre Mitglieder genossen die Segnungen des Friedens und des Wohlstands und hinterließen unverkennbare Beweise ihrer schöpferischen Energie, ihrer Kunstfertigkeit und ihres verfeinerten Geschmacks. Die Bewohner des bronzezeitlichen Santorin oder Thera, wie die Insel in der Antike hieß, erfreuten sich einer Lebensqualität und eines Komforts, um die sie viele heutige Gesellschaften beneiden würden.

Auf ihrer gebirgigen, von der Sonne verwöhnten und von kräuterduftenden Brisen umfächelten Insel errichteten die Bewohner von Thera eine Stadt mit schönen, hohen Häusern. Hinter ihren Türen lagen wohlproportionierte Zimmer, deren Wände mit den herrlichsten Fresken geschmückt waren. Von ihren Fenstern und Dachterrassen aus konnten die Bürger den Verkehr auf dem Wasser beobachten – Fischer, die ihren Fang nach Hause brachten, Einwohner benachbarter Inseln, die ankamen, um ihre Waren zum Verkauf oder Tausch anzubieten, Seeleute, die exotischere Güter von fernen Küsten brachten.

In dieser angenehmen Umgebung führten die Insulaner ein sorgloses Leben und wurden – dank der günstigen geographischen Lage ihrer Heimat – immer reicher. Über Thera führten alle größeren Handelsrouten der Ägäis; die kleine, an ihrer breitesten Stelle nicht einmal acht Kilometer messende Insel bildete eine bedeutende Zwischenstation für den Verkehr zwischen Kreta, dem griechischen Festland und dem ganzen östlichen Mittelmeerraum. Viele Generationen lang erfreuten sich ihre Bewohner eines immer größeren Wohlstands und eines allem Anschein nach ungestörten Friedens.

Aber die Idylle trog und trügt auch heute noch. Tatsache ist, daß die geologische Geschichte dieses Gebietes von Kataklysmen geprägt ist, die vor rund einer Million Jahren ihren Anfang nahmen und möglicherweise bis heute nicht zu Ende gekommen sind.

Die Ägäis selbst war im Pliozän, vor rund fünf Millionen Jahren, durch eine solche erderschütternde Katastrophe entstanden, in deren Verlauf die Wogen des Mittelmeers die ägäische Landmasse überfluteten. Damals bewegten sich zwei große Teile der Erdkruste – die afrikanische und die eurasische Kontinentalplatte – aufeinander zu und scheuerten aneinander. Glühendes Magma quoll aus den Spalten an den Berührungsflächen dieser Massen empor und bildete eine Vielzahl von Vulkanen, deren Gipfel nach und nach aus den Wellen der südlichen Ägäis auftauchten. Nach anfänglicher heftiger Tätigkeit erloschen die meisten dieser feuerspeienden Berge und bildeten die lieblichen Kykladen. Auf einer Insel in der südlichen Ägäis aber, Thera – in der Antike Kalliste, „die Schönste", genannt –, war die Ruhe nur vorübergehend.

Es geschah um die Mitte des 2. vorchristlichen Jahrtausends. Eine verheerende Eruption riß „die Schönste" buchstäblich auseinander, und die Insel zerfiel in drei Teile – die Hauptinsel Thera (oder Thira wie der antike Name auf neugriechisch lautet) mit den Nebeninseln Therasia und Aspronisi. (Inzwischen sind zwei weitere Eilande aufgetaucht – Nea Kameni und Palaia Kameni.) Diese Reste der einstigen Insel bildeten einen Ring um eine tiefe, kreisrunde Lagune, die durch den Einbruch des Vulkankegels entstanden war. Auf ihm lagerten sich bis zu 60 Meter hoch glühender Bimsstein, Schlacke und Vulkanasche ab.

Experten glauben, daß der explosionsartige Ausbruch ein riesiges Gebiet in Mitleidenschaft zog – nicht nur die Ägäis, sondern auch die Inseln und sämtliche Küsten des Mittelmeeres und seiner Nebenmeere. Je nach Entfernung vom Zentrum der Katastrophe müssen die Auswirkungen verheerend gewesen sein.

Überlebende können die grauenvollen Ereignisse unmöglich vergessen haben. Nach Ansicht mancher Gelehrter fand die Erinnerung an das maßlose Entsetzen in Mythen ihren Ausdruck: Bilder von vulkanischen Katastrophen flossen in die Sagen Griechenlands, aber auch fernerer Länder ein. Hesiod, der griechische Dichter des 8. vorchristlichen

Unter der Asche von Akrotiri auf Thera kam der Keramikkrug mit minoischen Motiven zum Vorschein, den Spyridon Marinatos hier untersucht. Der griechische Archäologe äußerte einmal seine Dankbarkeit dafür, daß ihm das Privileg zuteil geworden sei, „nicht die üblichen verfallenen Ruinen auszugraben, sondern eine ganze Stadt zu erforschen, die binnen weniger Wochen verlassen wurde und vom Erdboden verschwand".

Jahrhunderts, war, soweit bekannt, der erste, der die uralten Erzählungen seines Volkes über die Götter und ihre kosmischen Gefechte sammelte und zu einem eigenen Werk, der *Theogonie*, verarbeitete. Er schilderte die grauenerregenden Auswirkungen des Kampfes zwischen Zeus und Typhon, einem brüllenden Ungeheuer mit hundert Drachenköpfen, aus dessen Mäulern schwarze Zungen hervorschossen, während seine zahllosen Augen Flammen versprühten. „Doppelt erglühte das veilchenfarbene Wasser des Pontos: / Hier vom Wettergeleucht und dort vom Schnauben des Scheusals,/ Von den lodernden Winden, vom Strahl des flammenden Blitzes", schrieb Hesiod. „Alle Länder kochten vor Hitze, das Meer und der Himmel, / Tosende Gischt umschäumte die Ufer, umschäumte die Wogen / Unter dem Ansturm der Götter; ein furchtbares Beben erhob sich."

Andere griechische Mythen und Sagen berichteten von ganzen Inseln, die ziellos über die Meere trieben wie steuerlose Schiffe – möglicherweise verzerrte Erinnerungen an die Klumpen von Bimsstein, die der Vulkan ausspie und die bei ihrer schaumig-porösen Beschaffenheit leicht genug waren, um auf dem Wasser zu schwimmen. Interessant ist in diesem Zusammenhang auch Platons Schilderung eines untergegangenen Kontinents namens Atlantis, und manche Historiker fragen sich, ob die Geschichte von diesem märchenhaften Reich – die der athenische Gesetzgeber Solon anläßlich eines Besuches bei ägyptischen Priestern erfahren haben wollte – nicht doch einen wahren Kern enthalten könnte. Es war darin von einem hochentwickelten Volk die Rede, das in vielerlei Hinsicht seiner Zeit weit voraus war und in einer einzigen katastrophalen Nacht unter den Wogen des Ozeans verschwand.

Das untergegangene Land, berichtete Platons Erzähler Kritias, war eine große Insel, reich an Warm- und Kaltwasserquellen; ihre fruchtbaren Ebenen brachten „alle Frucht, die uns zur Speise dient" in Hülle und Fülle hervor, während ihre Wälder ausgedehnt und dicht genug waren, um die verschiedensten Tiere, selbst „das Geschlecht der Elefanten", in großer Zahl zu ernähren. „Außerdem", erzählte Kritias weiter, „trug und nährte sie trefflich alles, was auch jetzt noch die Erde an wohlriechenden Erzeugnissen gedeihen läßt, an Wurzeln, Gras, Holz oder Säften, sei es daß diese Säfte aus Blüten oder aus Früchten hervorquellen . . . all dies brachte die Insel . . . in vortrefflicher und erstaunlicher Güte sowie in unermeßlicher Menge hervor."

Die ersten Bewohner von Atlantis waren die Kinder, die Poseidon, der Gott des Meeres, mit einer Sterblichen gezeugt hatte. Sie verwalteten die Gaben der Natur mit Umsicht und erbauten eine schöne

Hauptstadt mit breiten, von anmutigen Brücken überspannten Wasserstraßen, mit Edelmetallen bedeckten Mauern, vielfarbig schimmernden Palästen und einem elfenbeinüberdachten Tempel, in dem goldene Götterbilder standen. Jahrhundertelang herrschten in diesem Königreich Frieden und Harmonie, lebten alle im Einklang mit den uralten Gesetzen und Sitten. Doch dieser glückliche Zustand erreichte sein Ende, als die niedere, menschliche Seite im Wesen der Atlanter mehr und mehr den göttlichen Funken verfinsterte, den sie von ihrem unsterblichen Ahn ererbt hatten. Ehrgeiz begann an ihren Herzen zu nagen, Machthunger erfüllte sie, und Falschheit bestimmte zunehmend ihr Handeln.

Also beschloß Zeus, der Vater der Götter, sie zu bestrafen, und nach Platon brach „eine Zeit gewaltiger Erdbeben und Überschwemmungen herein, und es kam ein Tag und eine Nacht voll entsetzlicher Schrecken, wo . . . die Insel Atlantis in die Tiefe des Meeres hinab[tauchte] und verschwand". Doch versank das Land vollständig? Oder blieben einige kleinere Inseln erhalten? Trotz aller Veränderungen und

In einer Tiefe von bis zu 50 Metern unter der Schicht aus vulkanischer Asche und Bimsstein trieben die Ausgräber von Akrotiri Stollen vor, die teilweise den unbefestigten Straßenzügen der Stadt folgten (kleines Bild). Dabei entdeckten sie eine Vielzahl von Krügen und anderen Töpferwaren, so auch die Henkelgefäße oben. Die ursprüngliche Absicht der Archäologen, die Ruinen von Akrotiri nicht freizulegen und den Elementen auszusetzen, mußte später aufgrund der Einsturzgefahr aufgeben werden.

Entstellungen, die die Geschichte im Laufe zahlloser Jahrhunderte des Nacherzählens erfahren haben muß, entspricht sie doch in groben Zügen den geologischen Ereignissen, die sich während des Ausbruchs auf Thera um die Mitte des 2. vorchristlichen Jahrtausends zutrugen.

Die frühen Grabungen auf Thera im 19. Jahrhundert schienen der Atlantis-Theorie zumindest nicht zu widersprechen, auch wenn im Bericht des britischen Forschungsreisenden und Archäologen James Theodore Bent wenig von landschaftlicher Schönheit die Rede war. Bent, der 1885 die „geheimnisvolle Werkstatt des Vulcanus" besuchte, äußerte sich eher abfällig über die „faszinierend häßliche Trostlosigkeit".

Das vollständig ausgegrabene Westhaus, möglicherweise das Wohnhaus eines wohlhabenden Seefahrers, illustriert typische architektonische und städtebauliche Merkmale der Zeit, so ein zweites Geschoß, ein Fester neben der Tür und, davor, eine gepflasterte Straße. Das große Kunststoffdach schützt die archäologische Stätte vor den Einflüssen von Wind und Wetter.

In den dreißiger Jahren gelangte ein griechischer Archäologe, Spyridon Marinatos, zu der Überzeugung, daß die Ruinen von Thera die Antwort auf ein anderes Rätsel bargen, das die Gelehrten schon lange beschäftigte. Im Jahre 1939 veröffentlichte er einen Aufsatz, in dem er die These aufstellte, die großen minoischen Paläste von Kreta seien vom selben Ausbruch zerstört worden, der im 2. Jahrtausend v. Chr. Thera zerriß. Diese Theorie, die inzwischen von den meisten Archäologen abgelehnt wird, sollte er bis an sein Lebensende vertreten.

Der Zweite Weltkrieg und der sich anschließende Griechische Bürgerkrieg hinderten Marinatos vorerst daran, seine Hypothese vor Ort zu verifizieren. Im Jahre 1958, kurz nachdem ein Erdbeben Thera heimgesucht hatte, kehrte er auf die Insel zurück, um sich ein Bild von den Schäden zu machen und gegebenenfalls Beweismaterial zur Untermauerung seiner Theorie zu finden. Er bestieg einen 360 Meter hohen Kalksteingrat und untersuchte kurz die dort liegenden griechischen und römischen Ruinen. Für eine eingehende Grabung fehlten ihm die Mittel.

Marinatos hatte eine Zeitlang an der Athener Universität gelehrt und war dann dem staatlichen Archäologischen Amt beigetreten. 1956 hatte man ihn zum Direktor der Altertümer und Denkmäler Griechenlands ernannt. Im Auftrag seiner Behörde hatte er Begräbnisstätten in Attika ausgegraben, bei Amnisos und Vathypetro auf Kreta Überreste minoischer Bauwerke entdeckt und in Messenien auf der Peloponnes Siedlungen und Nekropolen der mittleren und späten Bronzezeit untersucht. Doch erst in den sechziger Jahren, nachdem er zum Leiter des staatlichen Archäologischen Amtes ernannt worden war, war er in der

Lage, auf Thera eine großangelegte Grabung durchzuführen, die nicht nur die Krönung seiner Karriere darstellen, sondern auch das griechische Selbstbewußtsein stärken sollte; zur damaligen Zeit wurden nämlich praktisch alle archäologischen Projekte in der Ägäis von ausländischen Organisationen finanziert.

Im Jahre 1965 erkundete Marinatos die Insel, um die vielversprechendste Stelle für den ersten Schnitt zu bestimmen. Er ging von der Überlegung aus, daß der versunkene Bergkegel die Südküste vor den kalten Nordwestwinden geschützt hatte. Einst wie jetzt bot hier Akrotiri, ein den ganzen Winter über von der Sonne beschienenes, malerisches Dorf aus weißgetünchten Häuschen und Kirchen, Schiffen eine sichere Zuflucht vor Stürmen. Inzwischen waren die Spuren der Grabungen, die 1870 von dem Franzosen Mamet und nach 1890 von dem deutschen Freiherrn von Gärtringen durchgeführt worden waren, fast völlig unter dem Pflug verschwunden. Durch geduldige Befragung betagter Inselbewohner gelang es Marinatos jedoch, die Stätten wieder ausfindig zu machen, die die Aufmerksamkeit seiner Vorgänger erregt hatten. Die alten Männer führten ihn an verschiedene Stellen in der Umgebung von Akrotiri, wo das Erdreich offenbar infolge des Einbruchs darunter verschütteter Ruinen nachgegeben hatte oder wo aus dem Boden herausragende, merkwürdige Steinblöcke für das Vorhandensein unterirdischer Mauern oder Gänge sprachen. Mancherorts sah er Esel aus steinernen „Trögen" saufen, die sich bei näherer Betrachtung als große prähistorische Mörser entpuppten.

Nach gründlicher Sondierung und Kartierung dieses Gebietes begann Marinatos in einer Schlucht zu graben, die das moderne Akrotiri mit dem Meer verbindet. Schon nach wenigen Stunden kamen die Reste einer vorgeschichtlichen Stadt zum Vorschein.

Schnell wurde offenkundig, daß viele der Häuser zwei oder drei Stockwerke aufwiesen. Für Marinatos stellte sich somit die Frage, wie er die Gebäude ausgraben konnte, ohne daß die teilweise ohnehin beschädigten Mauern der oberen Stockwerke vollends nach innen einstürzten. Bei den Häusern handelte es sich durchweg um Fachwerkkonstruktionen – sie bestanden aus einem Balkengerüst, dessen Zwischenräume mit einer Mischung aus Lehm und Kies ausgefüllt worden waren. Das Holz war verkohlt, der Lehm knochentrocken und bröckelig; für Marinatos bestand kein Zweifel daran, daß ein einziges kräftiges neuzeitliches Gewitter ausreichte, um die Stadt in einen bronzezeitlichen Schlammhaufen zu verwandeln. Um das zu verhindern, ließ er die archäologische Stätte mit Wellblech und lichtdurchlässigen, glasfaserverstärkten Kunststoffplatten überdachen. Auf freistehende, vorgefertigte Stahlträger montiert, konnte diese Schutzkonstruktion leicht auf- und abgebaut, erweitert oder umgesetzt werden, je nachdem wie die Arbeit voranschritt.

Damit die Stahlträger sicher standen, mußten Löcher bis zum gewachsenen Fels gegraben werden, eine Arbeit, mit der Marinatos die systematische Untersuchung der Schichtungen verband. Man trieb waagerechte Sondierungsstollen in die Asche und Schlacke, um verschüttete Bauwerke zu lokalisieren. Gleichzeitig wurden Erdreich, Gestein und Schutt, unter denen die Ruinen lagen, teilweise abgetragen, so daß größere Flächen der Siedlung untersucht werden konnten.

Überall da, wo hölzerne Balken und Stürze restlos verbrannt waren und nur einen dreidimensionalen Abdruck in der Bimssteinschicht hinterlassen hatten, wurden die Hohlräume mit Zement ausgegossen. Der aushärtende Beton verband sich mit dem Mauerwerk und verlieh ihm Stabilität; gleichzeitig gewann man exakte Abgüsse der fehlenden Holzteile. Wenn man auf solche reparaturbedürftigen Ruinen stieß, deckte man sie als allererstes mit tragbaren Schutzdächern ab.

Dieser Abguß eines 45 Zentimeter hohen dreibeinigen Tisches wurde angefertigt, indem man Gips in die Hohlform füllte, die das zerfallene Original in dem vulkanischen Material hinterlassen hatte. Der Tisch stand einst im Delta-Haus von Akrotiri. Anders als Holzgegenstände, die restlos verrotteten, hatten sich einige Korbwaren, wenngleich zu Staub zerfallen, über die Jahrhunderte erhalten.

Marinatos legte insgesamt zehn Bauwerke frei, die er eingehend untersuchte und benannte, und das nicht immer so, wie es Archäologen gewohnt waren. Vier Gebäude bezeichnete er mit den ersten vier Buchstaben des griechischen Alphabets – Alpha, Beta, Gamma, Delta. Andere wurden nach ihrem Baumaterial benannt: Xesté – griechisch für „Haustein" – 1 bis 4. Verwirrenderweise wurden arabische Zahlen sowohl zur Identifizierung der verschiedenen Xesté-Häuser als auch zur Bezeichnung der einzelnen Räume verwendet. Den letzten zwei Gebäuden gab Marinatos schließlich Namen, die ihre besonderen Merkmale widerspiegelten: das „Haus der Damen" wegen eines Freskos mit Darstellungen von Frauen in minoischer Tracht und das „Westhaus" wegen seiner Lage. Aus den Funden schloß Marinatos auf die wahrscheinliche Identität der einstigen Bewohner dieser Häuser. Das Westhaus, das Fresken mit nautischen Motiven enthielt, mußte seiner Ansicht nach einem bedeutenden Seefahrer – vielleicht dem Admiral der therischen Flotte – oder einer ganzen Dynastie von Kapitänen gehört haben. Im Alpha-Haus identifizierte er eine von einem Korridor abgehende kleine Kammer als Portiersloge. Und als die Ausgräber eine Straße freilegten, die zwischen mehreren Gebäuden verlief, wählte er einen besonders phantasievollen Namen für sie aus. Eins der angrenzenden Häuser hatte allerlei Werkzeug enthalten; also benannte Marinatos die Straße nach den Telchines – sagenhaften hunde-

Das „Frühlingsfresko", Keramiken und die Hohlform eines Bettes, das längst zu Staub zerfallen war, konservierte die Vulkanasche im Delta-Haus. Die Hohlform wurde ausgegossen und ergab den detaillierten Abguß, an dem der Restaurator Stamatis Perrakis (rechts) sogar die Lederriemen herausarbeiten konnte, die die Bespannung hielten. Die oben gezeigte Kopie gibt den knapp 1,60 Meter langen und 60 Zentimeter breiten Holzrahmen und die vermutlich aus Fell gearbeitete Bespannung originalgetreu wieder.

köpfigen und flossenbewehrten „Söhnen des Meeres", die in der Antike als die Ureinwohner von Kreta und anderen ägäischen Inseln sowie als die Erfinder der handwerklichen Künste gegolten hatten.

Während Marinatos auf Thera grub, wohnten seine Frau und seine 17jährige Tochter Nanno mit ihm in einer großen, behaglichen, um einen Innenhof gebauten Villa mit Blick auf die archäologische Stätte. Mit seinen verschiedenen Nebengebäuden bot das Atriumhaus Platz für bis zu 20 Personen, so daß er außerdem seine Assistenten bei sich unterbrachte. Nanno hatte ihren Vater seit ihrem fünften Lebensjahr auf Grabungen begleitet, und Marinatos hatte es sich zur Regel gemacht, kleinere Objekte – einen Ring etwa oder einen Ohranhänger – auffällig wieder zu vergraben, um dem Kind die Freude zu machen, sie selbst zu finden und seine „Entdeckung" allen Anwesenden mitteilen zu können. Diese frühen Erfolgserlebnisse trugen Früchte; tatsächlich wurde Nanno später selbst zu einer anerkannten Archäologin.

Vom dem Augenblick an, in dem er sich von der Bedeutung seines Fundes vergewissert hatte, befand sich Marinatos, wie seine Tochter berichtete, „in einer rauschähnlichen Hochstimmung. Es brach ein regelrechter Hurrikan von Hyperaktivität aus", berichtete sie weiter. „Der Schwerpunkt des Sturmtiefs lag über der Südküste von Thera, und das Auge des Sturms war Spyridon Marinatos."

Marinatos war ein anspruchsvoller und rechthaberischer Vorgesetzter, mit dem sich nicht leicht zusammenarbeiten ließ. Obwohl er selbst fortwährend neue Theorien aufstellte, blockte er entsprechende Beiträge von seiten seiner Assistenten häufig ab, und diese fanden bald heraus, daß die beste Art, Marinatos eine neue Idee schmackhaft zu machen, darin bestand, ihn daran zu „erinnern", daß er sie selbst einige Tage zuvor gehabt hatte. Jeder auf der Baustelle wußte zudem, daß Zeitungsreporter und Fernsehleute unverzüglich zum Ausgrabungsleiter dirigiert werden mußten. Und immer wenn sie darangingen, empfindliche Funde wie ein Bruchstück eines Freskos mit einem feinen Haarpinsel von Asche und Erde zu befreien, versuchten die Arbeiter, Marinatos abzulenken. Andernfalls mußten sie einen endlosen Schwall überflüssiger Ratschläge und Ermahnungen über sich ergehen lassen, mit denen ihr extrem nervöser Direktor sie mehr behinderte als unterstützte.

Marinatos verfügte über eine ähnlich blühende Phantasie wie Schliemann, so daß er sich bei jeder sich bietenden Gelegenheit in die Welt der altgriechischen Mythen versetzt fühlte. Und wie sein Vorgänger stand er ganz im Banne Homers. Wann immer er zu einer Seereise aufbrach, stellte er sich gerne vor, Odysseus begleite ihn und er sei im Begriffe, ähnliche Abenteuer wie der listenreiche Held zu erleben. Seine Tochter entsinnt sich noch heute langer Abende auf der Grabungsstätte, an denen er seine Zuhörer mit faszinierenden, teils ad hoc erfundenen, teils nacherzählten homerischen Geschichten unterhielt.

Diese schöpferische Phantasie leistete Marinatos aber auch wertvolle Dienste bei seiner Forschertätigkeit. Als ein Bauer ihm das salzige Grundwasser und den feinen Sand zeigte, auf den er beim Ausheben eines Brunnens gestoßen war, „sah" Marinatos augenblicklich Schiffe und einen Hafen unter dem Bauernhof. Er wußte, daß der große, für Thera verheerende Vulkanausbruch das Ufer durch Anhäufung von Schlacke und Asche zum Meer hin verschoben hatte, doch erst dieses Ereignis lieferte ihm Anhaltspunkte für den tatsächlichen Verlauf.

Von Anfang an erwies sich die Fundstätte als äußerst ergiebig; schon in den ersten Monaten wurden Tausende von Haushaltsgeräten, Stein- und Terrakotta-Gefäßen sowie Spuren zerbrochener Möbel geborgen. Während der zweiten Kampagne im September 1968 machte Marinatos einen wahrhaft spektakulären Fund, als er die vielfarbigen Fragmente einer wundervoll ausgeführten Wandmalerei entdeckte, die den Kopf eines Mannes, mehrere blaue Vögel im Flug und den – gleichfalls blauen – Kopf eines Affen zeigten. In seinem Tagebuch stellte Marinatos auch gleich seine üblichen Vermutungen über die mögliche Bedeutung des Bildes an. War das ursprüngliche, vollständige Gemälde eine uralte Darstellung eines wohlbekannten griechischen Mythos? „Ich fange an mich zu fragen", schrieb er, „ob es nicht Orpheus oder Thamyris mit einer Lyra ist, und vor ihm alle Vögel des Waldes."

Welche Geschichte auch immer der Künstler im Sinn gehabt haben mochte, die Entdeckung des blauen Tierfreskos sollte nur der

Zur Ausstattung eines Badezimmers im Obergeschoß des Westhauses gehören zwei sanitäre Sitze; in dem zehn Zentimeter breiten Spalt zwischen ihnen verliefen Keramikrohre, die in das unterirdisch verlegte Kanalisationssystem mündeten. An dem Platz links von den Toiletten könnten eine Badewanne aus gebranntem Ton und ein dreibeiniges Gefäß zum Einfüllen des Wassers gestanden haben.

Anfang sein. Weitere schöne Beispiele therischer Kunst – in bemerkenswert gutem Erhaltungszustand, aber unvollständig – kamen nach und nach ans Tageslicht. Da man so empfindliche Objekte wie bemalte Putzfragmente selbstverständlich nicht mit der Schaufel, sondern mit einem feinen Haarpinseln barg, ging die Arbeit quälend langsam vonstatten. Es gab Tage, an denen im Westhaus beispielsweise auf einer Fläche von einem Quadratmeter maximal eine Ascheschicht von zwei Zentimeter Dicke abgetragen werden konnte.

In einem anderen Zimmer fand das Team ein Wandgemälde, das eine Gruppe blauer Affen auf Klippen zeigte, die eine verblüffende Ähnlichkeit mit der Landschaft in der Nähe der Grabungsstätte aufwiesen. Offensichtlich hatten die Menschen von Akrotiri all ihre Wohnräume mit liebevoll ausgeführten Fresken verziert, die in leuchtenden Farben sowohl die reale Umgebung als auch Symbole der einheimischen Religion wiedergaben.

Eine der aufregendsten Entdeckungen erfolgte im Jahre 1970: In einem großen Zimmer des Delta-Hauses befand sich ein Wandgemälde noch völlig intakt an seiner ursprünglichen Stelle. Die meisten Fresken, die bis dahin gefunden worden waren, hatte man stückchenweise aus Schutt und Asche zusammenlesen müssen, während einige wenige noch an den Wänden lehnten, von denen sie sich gelöst hatten. Die überwiegende Zahl waren sicherlich bereits durch die Erdbeben, die dem Vulkanausbruch folgten, beschädigt worden; andere dagegen hatten augenscheinlich erst in jüngerer Zeit durch Wasser gelitten, das in die verschüttete Stadt eingedrungen war. Das Kunstwerk im Delta-Haus aber erstrahlte wie durch ein Wunder in seiner ursprünglichen Schönheit, und es befand sich genau an der Stelle, an der es die einstigen Besitzer des Anwesens einst erfreut hatte.

Der britische Archäologe Colin Renfrew war anwesend, als das Fresko freigelegt wurde. „Wir erkannten sofort", erinnert er sich, „daß wir hier eines der vollkommensten Kunstwerke erblickten, die aus vorgeschichtlicher Zeit überlebt hatten."

Christos Doumas, der damalige stellvertretende Leiter der Grabung und spätere Nachfolger Marinatos', schildert die spannungsgeladene Atmosphäre, in der das Gemälde von seiner Decke aus Schutt und vulkanischem Auswurf befreit wurde. „Wir waren wochenlang wie elektrisiert, während wir unendlich langsam die Vulkanasche mit einem Haarpinsel entfernten und sich das herrliche Kunstwerk Zentimeter für Zentimeter vor unseren Augen offenbarte."

Die Ankunft des Frühlings, wie das Bild von seinen Entdeckern betitelt wurde, zeigte Schwalben – erstaunlich echt und lebendig dargestellt – in einer therischen Landschaft von Lilien und vielfarbigen Felsen. Es war wie eine Momentaufnahme aus ferner Vergangenheit, ein konservierter Augenblick einer längst untergegangenen Welt. Marinatos glaubte, daß die Szene wertvolle Informationen über die geologische Beschaffenheit der Insel vor dem Vulkanausbruch liefern könnte. Hinsichtlich der Schwalben, die es auf Thera nicht gab, verstieg er sich zu der kühnen Behauptung, daß sie die Unglücksinsel im Gegensatz zu allen anderen Nachbarinseln fortan gemieden hatten. Er fragte sich, welche inneren Mechanismen ihr Zugverhalten dahin gehend umprogrammiert haben könnten, daß sie Thera nun für alle Zeiten ausspârten.

Die Begeisterung über den unschätzbaren Fund wich bald einer besorgniserregenden Erkenntnis: Die Unterlage des Freskos war so stark beschädigt, daß die bemalte Verputzschicht jeden Augenblick in Stükken von der Wand zu fallen drohte. Marinatos rief die drei besten Restauratoren des Landes zusammen. Die Spezialisten hielten eine 48stündige Krisenberatung vor Ort ab, um die unbestreitbare Notwendigkeit von Sofortmaßnahmen zur Rettung des Freskos gegen die Möglichkeit, daß schon der geringste Fehler ihrerseits zur Zerstörung des unersetzlichen Kunstwerks führen konnte, abzuwägen.

Ihre einzige Hoffnung bestand darin, die bemalte Schicht von ihrer Unterlage zu lösen und in einem Stück abzuheben. Die langwierige Prozedur erforderte ein Höchstmaß an Fingerspitzengefühl in jeder einzelnen Phase. Zuerst bedeckten die Konservatoren das ganze Fresko, um es zu fixieren und am Zerfallen zu hindern, mit Bahnen klebstoffdurchtränkter Gaze und anschließend mit einer zweiten Lage, diesmal schwereren Stoffs. An diese Schutzschicht klebten sie, von unten beginnend, mehrere senkrechte, stabile Textilstreifen, deren Enden vom oberen Rand des abgedeckten Freskos frei herabhingen. Der nächste Schritt bestand darin, diese losen Enden an einem waagerechten Holm zu befestigen, der zuvor an der Wand über dem Fresko angebracht worden war. Jetzt hing das Gemälde sicher an dem Holm und konnte von seiner Unterlage gelöst werden, ohne zu zerfallen.

Nun fertigten die Restauratoren einen Polystyrolabguß der stoffbedeckten Wand an, der jede noch so kleine Unebenheit der Oberfläche wiedergab. Mit Hilfe eigens zu diesem Zweck entworfener Stahlnadeln begann der Chefrestaurator Stamatis Perrakis jetzt, die bemalte Verputzschicht von der sie tragenden Wand abzulösen. Als diese überaus heikle Operation abgeschlossen war, wurde das Fresko – zusammen mit den Stoffüberzügen, dem tragenden Holm und der Abgußform, die ihm zuvor aufgesetzt worden war – nervenzermürbend langsam abgesenkt, bis es mit der mehrfach geschützten Vorderseite zuunterst auf dem

GEHEIMNISVOLLE MARMORFIGUREN – ZEUGEN DER FERNEN VERGANGENHEIT

Als europäische Reisende im frühen 19. Jahrhundert mit aparten, einfachen Marmorskulpturen aus der Ägäis im Gepäck heimkamen, geschah das nicht, weil sie das wahre Alter der fremdartigen Artefakte ahnten und als ihre Urheber ein Volk vermuteten, das der griechischen Klassik weit vorausgegangen war. Es dauerte Jahrzehnte, bis differenziertere archäologische Methoden es gestatteten, die Skulpturen mit einer Kultur, die auf den Kykladen von 3500 bis 2000 v. Chr. ihre Blütezeit hatte, in Verbindung zu bringen.

Der britische Altertumskundler James Theodore Bent war der erste, der gegen Ende des 19. Jahrhunderts auf den Kykladen (griechisch für „die kreisförmig [um die heilige Insel Delos] Angeordneten") erste systematische Grabungen durchführte. Die Funde, die er damals machte, veranlaßten ihn, die Existenz eines „gewaltigen prähistorischen Reiches" zu postulieren. Zu den Pionieren der Erforschung dieser uralten Kultur gehörte der griechische Archäologe Christos Tsountas. Er war tief beeindruckt von der Kunstfertigkeit, die Marmorvasen und -statuetten, dekorative Keramikschalen und Silberschmuck verrieten, und bewunderte die Fähigkeit der unbekannten Schöpfer, Geräte und Waffen aus Bronze herzustellen. Besonders apart waren stilisierte Figuren mit zurückgelegtem Kopf. Sie stellten größtenteils Frauen dar, und es gab sie in allen Größen von knapp 5 bis 153 Zentimetern.

Die Anfänge dieser Kultur waren allerdings schwer zu bestimmen. Im Jahre 1949 entdeckte dann ein anderer griechischer Archäologe, Nikolaos Kontoleon, ein frühes Kulturzentrum auf der Insel Grotta. Elf Jahre später waren unter britischer und amerikanischer Leitung auf Saliagos und Keros mehrere steinzeitliche Siedlungen freigelegt worden. Je weiter sich die Zivilisation auf den Kykladen entwickelte und je höher der Lebensstandard infolge des ertragreichen Handels mit Mineralien wurde, desto häufiger wurden Verstorbene mit Beigaben bestattet. Unter anderem gab man ihnen Obsidianklingen *(oben, mit unbearbeiteten Kernen)* und vor allem Figurinen ins Jenseits mit. Diese wurden mit Steinwerkzeugen, in erster Linie aus Schmirgel und Obsidian, bearbeitet, konturiert und geschliffen.

Die Figuren sind teilweise abgegriffen und in einigen Fällen sogar repariert worden, so daß man annehmen kann, daß sie schon zu Lebzeiten in irgendeiner Weise benutzt wurden. Farbreste deuten darauf hin, daß viele Figuren ursprünglich bemalt waren. Da weibliche Statuetten überwiegen, glauben manche Forscher, daß es sich um Darstellungen einer Inselgöttin handeln könnte.

Auffälligstes Merkmal der kykladischen Skulpturen ist ihr sehr modern anmutender strenger Stil. Dieser auf der Insel Amorgos aufgefundene Marmorkopf datiert aus der Zeit zwischen ungefähr 2700 und 2400 v. Chr., der Klassischen Periode der Kultur.

Die Photomontage unten zeigt vor dem Hintergrund eines Marmorsteinbruchs auf der Insel Naxos die kopflose „Venus von Saliagos". Um 4000 v. Chr. entstanden, könnte die rund fünf Zentimeter große neolithische Statuette (wie ihre zahlreichen, späteren Schwestern) eine Fruchtbarkeitsgöttin darstellen.

Der bekannteste Typus der kykladischen Skulptur ist die „kanonische Figur" mit ihrer klaren, strengen Konturierung und Linienführung. Diese Figur, die zwischen 2600 und 2400 v. Chr. auf Naxos entstand (rechts), weist alle Charakteristiken des Typus auf: den konisch zulaufenden Kopf, das eingeritzte Schamdreieck, gestreckte Füße und verschränkte Arme.

Kleine „Violinidole", stark abstrahierte Abbilder der menschlichen Gestalt wie das 7,5 Zentimeter hohe Exemplar links, sind typisch für die erste Phase der frühkykladischen Kultur (3200–2700 v. Chr.). Da solche weißen Marmorstatuetten nur in wenigen Steinkistengräbern gefunden wurden, nimmt man an, daß als ein Symbol des hohen gesellschaftlichen Ranges des Beigesetzten galten.

Diese späte Version der „Verschränkte-Arme-Pose" (rechts) aus der Zeit zwischen 2500 und 2200 v. Chr. signalisiert den einsetzenden Niedergang der frühkykladischen Bildhauerei. Sie ist flach, eckig, unproportioniert, und der linke Arm ruht unter dem rechten.

Der Harfenspieler (2700–2500 v. Chr.) aus einem Grab auf Keros (unten) gehört zu den komplexesten Skulpturen. Die Datierung ist schwierig, da die Figur illegal ausgegraben und verkauft wurde.

Brustgurt und Schwert kennzeichnen die Figur unten als Krieger-Jäger. Solche aus der Zeit zwischen 2400 und 2200 v. Chr. datierenden „militärischen" Darstellungen waren die letzten Plastiken, die eine am Rande des Untergangs stehende Kultur hervorbrachte.

Boden zu liegen kam. Zuletzt wurde ein zweiter Polystyrolabguß – diesmal von der Wand, an der sich das Fresko befunden hatte – angefertigt und vorsichtig auf die Rückseite der bemalten Putzschicht gelegt. Dergestalt sicher zwischen zwei Kunststoffschalen verwahrt, wurde das Fresko zur Restaurierung und Konservierung zum Lager in Akrotiri transportiert, wo man Werkstätten und Unterkünfte eingerichtet hatte. Dort entfernten die Fachleute mit Hilfe eines besonderen Lösungsmittels den Stoffüberzug, ohne die Malerei zu beschädigen.

Es gelang sogar, völlig zerfallene Wandmalereien wieder zusammenzusetzen. Die Restauratoren gingen dabei so vor, daß sie zuerst jedes einzelne Fragment sorgfältig kopierten und dessen ursprüngliche Lage exakt aufzeichneten. Dann behandelten sie die Stücke mit Aceton und verdünntem Epoxydharz, um ihnen die zerstörerische Feuchtigkeit zu entziehen und die Farben zu schützen. Schließlich bedeckten sie die Fragemente mit Gaze, um sie später im Labor zu reinigen und zu analysieren. Durch systematische Rekonstruktion – gepaart mit der schöpferischen Vorstellungskraft, die benötigt wird, um ein zimmergroßes Puzzle zusammenzusetzen – gelang es nach und nach, den fast verlorenen Kunstwerken wieder annähernd zu ihrem ursprünglichen Aussehen zu verhelfen. An der Wiederherstellung eines solchen Freskos arbeitete jeweils ein volles Dutzend Experten mehrere Jahre lang.

Zu den Archäologen und Konservatoren stießen schon bald Spezialisten aus anderen Fachgebieten, Geologen, Metallurgen, Zoologen, Botaniker und weitere. Dank ihrer vereinten Bemühungen erwachte die verschüttete Stadt allmählich aus ihrem jahrtausendelangen Dornröschenschlaf. Eines war bereits anhand der faszinierenden Freskofragmente klargeworden: Die einstigen Bewohner von Thera waren begabte und schöpferische Menschen gewesen, die herrliche Kunstwerke hervorgebracht und zu schätzen gewußt hatten.

Die Forscher brauchten nicht lange, um sich Gewißheit darüber zu verschaffen, daß sie es mit einer seinerzeit bedeutenden Stadt zu tun hatten. Der Reisende, der damals in die Bucht einfuhr, wurde von hohen, die Küste säumenden Bauten begrüßt. Die Insel Thera mochte noch so klein sein – ihr Hafen hatte, zumindest für die damaligen Verhältnisse, mit einer Fläche von vielleicht zwölfeinhalb Hektar regelrecht großstädtische Dimensionen. Große Steinhäuser ragten zwei, drei, möglicherweise sogar vier Stockwerke empor. In ihnen lebten entweder einzelne wohlhabende Familien; vielleicht waren es aber auch antike „Apartmenthäuser", entstanden aus der Not, möglichst viele Menschen auf dem insgesamt knappem Raum unterzubringen. Die Dichte der Bebauung hatte mittelalterliches Ausmaß, denkt man an die entsprechenden europäischen Hafenstädte. Enge, gewundene Straßen, gerade breit genug für ein bepacktes Lasttier, mündeten in kleine Plätze, von denen

In großen tönernen Vorratskrügen wie diesen Pithoi, die in einem Lagerraum am Nordrand der Grabungsstätte von Akrotiri aufgefunden wurden, lagerte man Wein, Getreide und Olivenöl. Das Öl wurde wohl aus Kreta oder vom griechischen Festland importiert, weil die Produktion im Lande nicht reichte. Im zerbrochenen Boden eines weiteren Gefäßes blieben Schneckenhäuser erhalten (rechts), die Überreste einer auf Thera offenbar geschätzten Delikatesse.

in alle Richtungen dunkle Gassen abzweigten. In diesem urbanen Straßenlabyrinth erfreuten sich die Menschen eines außergewöhnlich hohen Lebensstandards. Ihre Häuser hatten stattliche Eingänge und Treppen; Tageslicht fiel durch große Fenster in geräumige Zimmer. Die hölzernen Möbel, die einst in diesen Räumen standen, waren natürlich längst zu Staub zerfallen, doch hatten sie einen Abdruck in der harten Schicht vulkanischer Asche hinterlassen. Gipsabdrücke, die man von diesen Hohlformen anfertigte, verrieten die eleganten Linien und die zierlichen Details der verlorenen Originale.

Doch die Bewohner von Thera wußten offenbar nicht nur Komfort und ein schönes Interieur zu schätzen, sondern legten auch großen Wert auf Hygiene. Ihre Häuser besaßen Badezimmer, ausgestattet mit Terrakotta-Wannen und steinernen Toiletten, die ursprünglich durchaus mit hölzernen Brillen versehen gewesen sein könnten. Die Toiletten befanden sich im Obergeschoß der Häuser; in die dicken Wände waren Keramikrohre verlegt, die in ein stadtweites System von Abwasserkanälen unter den Straßen mündeten.

Bislang ist noch kein Bauwerk ausgegraben worden, das sich als Herrscherpalast deuten ließe, aber die Therer müssen irgendeine Form von zentraler Stadtverwaltung besessen haben, wie immer ihre Regierungsform auch gewesen sein mag. Öffentliche Einrichtungen wie die kommunale Kanalisation sowie die gut instand gehaltene Bepflasterung der Straßen zeugen vom Walten einer Obrigkeit, die mit Weitblick und Sachverstand für das allgemeine Wohl sorgte.

Die Ernährung der Bewohner Theras war abwechslungsreich. Täglich brachten Fischer frischen Fisch vom Meer, während die Bauern den Markt mit Fleisch und den Produkten des Landes belieferten. Jedes Haus hatte einen eigenen Mühlstein; die Familien mahlten die Gerste, aus der Brot gebacken wurde, selbst und legten in Schränken große Vorräte von Mandeln und Pistazien an. Die therische Küche bevorzugte Hammel-, Lamm-, Ziegen- und Schweinefleisch sowie verschiedenes Haar- und Federwild. Rinder dagegen wurden offenbar vorzugsweise als Milchvieh und Zugtiere gehalten, wie die Funde von Knochen beweisen, die fast nie Spuren des Schlachterbeils aufwiesen. Wildschweine hat es auf Thera im 2. Jahrtausend v. Chr. wohl nicht mehr gegeben; dennoch hat man zahlreiche Hauer entdeckt, woraus man schließen kann, daß der Markt von Akrotiri für Jäger von anderen Inseln durchaus interessant gewesen sein dürfte.

Aus den mächtigen Eckzähnen des Schwarzwildes haben die Therer möglicherweise Schmuckwerk für Helme hergestellt.

Die einheimische Traubenernte dürfte ausgereicht haben, um die Amphoren und Obstschalen der Insel zu füllen. Oliven hingegen und das aus ihnen gepreßte Öl haben die Therer wohl von anderen Inseln bezogen; jedenfalls hat man Gefäße mit Olivenresten gefunden, die eindeutig nichttherischer Herkunft waren. Große Vorratskrüge, vermutlich syrisch-palästinischen Ursprungs, sind ein Beweis für den Handel mit dem Nahen Osten oder Ägypten. Umfangreiche Muschel- und Schalenfunde in den Ruinen zeigen, daß Meeresfrüchte, insbesondere eine wohlschmeckende Schneckenart, die aus Kreta eingeführt werden mußte, eine ebenso beliebte Delikatesse darstellten wie Napfschnecken und Seeigelfleisch. Marinatos bezeichnete diese kulinarischen Funde als die „Überreste eines bronzezeitlichen Festschmauses".

Um solche Importe bezahlen zu können, mußten die Menschen von Thera natürlich ihrerseits etwas anzubieten haben, das sich im Ausland zu Geld machen ließ. Dabei könnte es sich um landwirtschaftliche Erzeugnisse wie Safran, Wein und Honig gehandelt haben, aber auch um ihr spezielles Know-how, ihr seefahrerisches Können. Es kann sein, daß die Therer ihren gewinnbringenden Teil zum aufblühenden Handel in der Ägäis beitrugen, indem sie Waren von Insel zu Insel und vielleicht auch zu ferneren Küsten transportierten.

Akrotiri muß man sich demnach als eine geschäftige Stadt vorstellen, in der Güter sowohl für den einheimischen Bedarf als auch den Export erzeugt wurden. Jedes ausgegrabene Gebäude verriet das spezifische Gewerbe seiner ehemaligen Bewohner – eine Werkstatt, ein Warenlager, ein Werkzeugdepot, Haufen zerstoßener Gehäuse von Stachelschnecken, die möglicherweise der Herstellung von Purpur dienten. Was die Textilproduktion anging, waren die meisten Haushalte wohl autark: Tönerne Webgewichte hat man in buchstäblich jedem ausgegrabenen Haus gefunden (die Webstühle selbst waren natürlich, wie alle Holzgegenstände, nicht mehr erhalten). Außerdem fand man Zeugnisse einer blühenden Steinbearbeitungsindustrie, die offenbar für den Export produzierte; charakteristische dreifüßige Mörser aus therischem Porphyrit, einem grauen Gestein mit Einsprengseln von weißem Kristall, wurden auf Kreta in großer Zahl gefunden.

Neben diesem einheimischen Material bearbeiteten therische Handwerker auch Obsidian, den sie in riesigen Mengen von der Insel Melos, der damals wichtigsten Quelle im ägäischen Raum, importierten und zu Klingen verarbeiteten, die wahrscheinlich viel erschwinglicher waren als vergleichbare Produkte aus Bronze. Aus Bronze hingegen waren etliche Vasen, die auf Thera aufgetaucht sind, und man vermutet aufgrund der Form, daß sie von Kreta oder dem griechischen Festland

Die in einem frühkykladischen Grab auf Naxos aufgefundenen Schiffsmodelle aus Blei, deren größtes fast 40 Zentimeter lang ist, zeigen, wie prähistorische Seeleute einst die Ägäis befuhren. Viele solche Langschiffe liefen Melos an, um Obsidian – unten unbearbeitet abgebildet – zu holen.

MELOS: DIE OBSIDIAN-INSEL

Bereits um 10 000 v. Chr. liefen Schiffe aus der ganzen Ägäis die 80 Kilometer nordwestlich von Thera gelegene Insel Melos an, um Obsidian an Bord zu nehmen. Dieses durch seine größere Härte dem Feuerstein überlegene graue bis schwarze vulkanische Glas ließ sich – Jahrtausende bevor Metalle zu diesem Zweck in Gebrauch kamen – hervorragend zu Werkzeugen und Waffen verarbeiten.

Durch Spektralanalyse stellte man fest, daß das Material nahezu aller im ägäischen Raum aufgefundenen Obsidianartefakte aus Melos stammte. Obwohl sich dafür kaum konkrete Beweise beibringen lassen, glauben die meisten Fachleute, daß die Bewohner der Insel in der Frühbronzezeit kein Kapital aus dem Rohstoff schlugen, der den Reichtum von Melos bildete, etwa indem sie Besitzrechte geltend gemacht und Kreta und die anderen Inseln in der Ägäis zu Monopolpreisen beliefert hätten. Es scheint damals vielmehr so gewesen zu sein, daß Seefahrer und Kaufleute einfach in Melos an Land gingen, die Steinbrüche aufsuchten und sich bedienten, wobei sie mit Hilfe primitiver Werkzeuge so viel Obsidian brachen, wie sie fortschaffen konnten. In ihre Heimat zurückgekehrt, behielten sie, was sie selbst benötigten, und tauschten den Rest gegen andere Waren und Rohstoffe ein.

Ausgedehnte Seereisen wie die nach Melos wurden zu jener Zeit offenbar in sogenannten Langschiffen *(links oben)* durchgeführt; es waren schlanke Fahrzeuge, von denen auf Naxos, einer nördlich von Thera und östlich von Melos gelegenen Insel, kleine Nachbildungen gefunden wurden. Bis zur Erfindung des Segels, das um 1800 v. Chr. die Seefahrt revolutionierte, wurden die eleganten Boote ausschließlich durch die Muskelkraft der – wie man vermutet – 25 bis 50 Ruderer angetrieben, die sie je nach Größe aufnehmen konnten. Mit Wasser, Proviant und einer primitiven Ausrüstung beladen – und mit ausreichend freiem Stauraum für die eigentliche Fracht –, konnten diese Langschiffe vermutlich Fahrten unternehmen, bei denen sie in schätzungsweise zwei Wochen bis zu 170 Seemeilen (rund 300 Kilometer) zurücklegten.

Das an Obsidian reiche Melos, eine der größeren Kykladen, konnte dank seiner zentralen Lage von fast allen anderen Inseln der Ägäis aus – einschließlich Thera und Naxos – relativ gefahrlos mit Langschiffen erreicht werden. Vermutlich durch Handel gelangte melischer Obsidian bis in den äußersten Nordosten Griechenlands und in die Westtürkei.

stammten. Therische Schmiede ließen sich höchstwahrscheinlich aus den Bergwerken des festländischen Laurion oder möglicherweise auch von manchen kykladischen Inseln mit silberhaltigem Blei beliefern, um es in ihren Werkstätten weiterzuverarbeiten.

Auch wenn bislang keine Brennöfen zum Vorschein gekommen sind, weiß man, daß die therischen Töpfermeister Keramikgefäße in sehr großer Zahl produzierten; sie verwendeten dazu entweder den groben, gelbbraunen einheimischen Ton oder importiertes Material mit anderem Mineralgehalt. Die Archäologen haben mehr als 50 verschiedene Gefäßtypen gefunden – Kochgeschirr, Weihrauchschalen, Obstschüsseln, Kannen, Humpen, Becher, Vorratskrüge und verschiedene Artefakte, die vermutlich unbekannten rituellen Zwecken dienten. Mit Ausnahme der schlichteren Schmor- und Kochtöpfe waren fast alle Gefäße verziert. Jede Mahlzeit geriet zu einem Feuerwerk von Farben: Schüsseln, Schalen und Kannen waren mit Krokussen und Lilien, mit Gerstenähren, fliegenden Vögeln und Fischen bemalt. Nicht alle diese Keramikgefäße stammten aus örtlichen Töpfereien; in Akrotiri wurde auch eine Vielzahl von kretischen Vasen ausgegraben.

Die große Zahl kretischer Töpferwaren ist kaum verwunderlich. Im 2. vorchristlichen Jahrtausend war der kulturelle – und vielleicht auch der politische – Einfluß des minoischen Kreta überall im ägäischen Raum stark zu spüren. Und nirgends ist die Vermischung minoischer und einheimisch-kykladischer Kultur eindrucksvoller belegt als in der wiederentdeckten Welt des bronzezeitlichen Thera.

Schon das Stadtbild mit seinem Gewirr von engen Gassen und seinem Durcheinander von hohen Flachdachbauten muß in jedem kretischen Reisenden heimatliche Gefühle geweckt haben. Auch konkrete architektonische Merkmale – wie die Tatsache, daß sich neben der Tür stets ein Fenster befindet – deuten darauf hin, daß die einheimischen Maurer ähnliche Traditionen befolgten wie ihre kretischen Kollegen. Die Künstler, die die Wände therischer Zimmer mit Fresken verzierten, verwendeten dieselben Techniken wie kretische Maler, wenngleich die therische Kunst stärker durch individuelle Stile einzelner Meister geprägt war. In den Läden und auf den Märkten verkauften die Händler ihre Waren nach dem minoischen Maßsystem; die Waagen sind nicht mehr erhalten, aber die Bleigewichte, in Größe und Gewicht mit denen identisch, die man von Kreta her kennt, hat man noch gefunden.

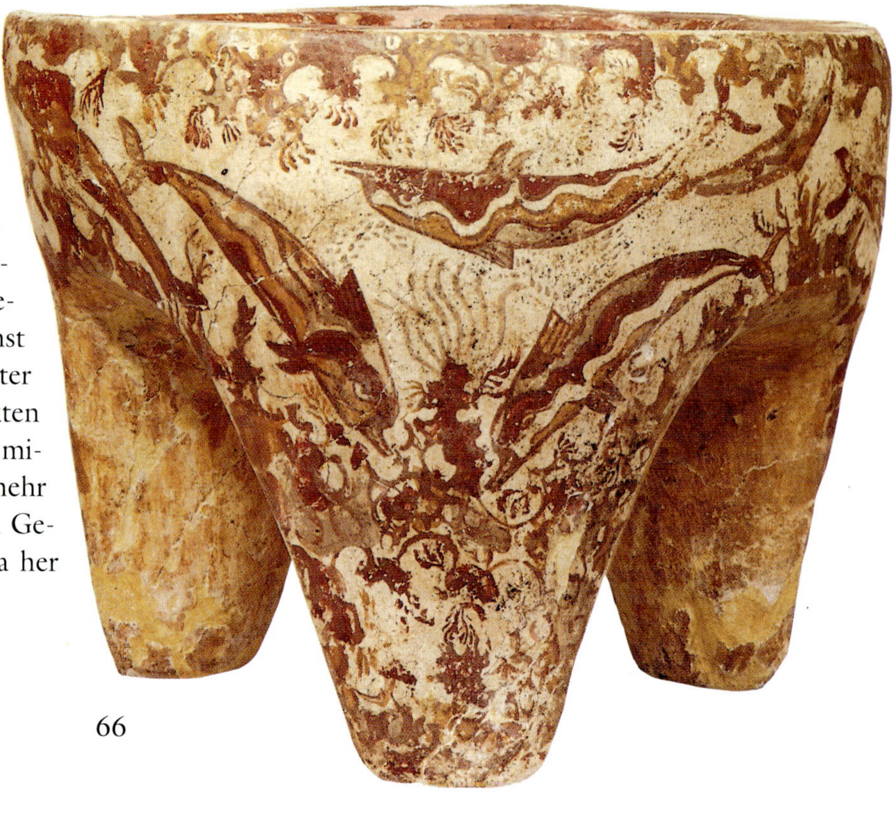

Das links abgebildete Rhyton, ein Zeremonialgefäß, besteht aus einem oben und unten mit Fayence oder glasierter Keramik eingefaßten Straußenei. Da es auf Thera niemals Strauße gegeben hat, dürfte das Stück – es wurde im Delta-Haus gefunden – aus Ägypten stammen.

Solche Wannen, von Marinatos als „kymbe" bezeichnet, hat man ausschließlich auf Thera gefunden. Die Oberfläche dieses Exemplars ist mit papyrusähnlichen Pflanzen und Gemsen verziert; die Darstellung von Gemsen scheint auf solche Wannen beschränkt gewesen zu sein.

Dieses knapp 30 Zentimeter hohe steinerne Opfertischchen hat man auf einer Fensterbank im Westhaus gefunden. Es zeigt Delphine und andere Seemotive (links). Der Stil der Stuckmalerei ähnelt dem der therischen Wandbilder.

Trotz des unleugbar starken minoischen Einflusses war Thera nicht nur ein kultureller Satellit Kretas. Auch die Kultur der auf dem griechischen Festland mehr und mehr an Macht gewinnenden Mykener begann sich bereits deutlich bemerkbar zu machen. Tatsächlich vermuten manche Forscher, daß kykladische Seefahrer die Schiffe gebaut und gesteuert haben könnten, mit denen die Mykener erstmals durch die Ägäis segelten. Wie immer diese Kontakte beschaffen gewesen sein mögen – weder die Inselbewohner noch die Festlandsgriechen blieben davon unbeeinflußt. Der Austausch von materiellen und geistigen Gütern scheint ziemlich ausgewogen gewesen zu sein. Auf Thera finden sich Töpferwaren von festländischem Design; in Mykene hat man Krüge nachweislich kykladischer Herkunft ausgegraben. Goldene Ohrgehänge, die zu den Beigaben in einem mykenischen Schachtgrab gehörten, ähneln geradezu zum Verwechseln denjenigen, die ein safransammelndes Mädchen auf einem Fresko in Akrotiri trägt.

Obwohl es denkbar ist, daß die Therer von ihren minoischen Nachbarn die Kunst des Schreibens erlernten, konnten bislang keine Indizien dafür gefunden werden. Nur einige wenige Keramikscherben, die von importierten Objekten stammen dürften, weisen eine Beschriftung auf, und zwar in kretischem Linear A. Die Archäologen bezeichnen Fundstätten alter Kulturen, die keine schriftlichen Zeugnisse hinterlassen haben, als stumm. Doch die wunderbar erhaltenen, herrlichen Wandgemälde von Thera sprechen Bände. Auch wenn die Bedeutung vieler Motive unklar ist und die manchen Szenen zugrunde liegenden religiösen Vorstellungen oder Sitten wohl für immer ein Rätsel bleiben werden, gewähren die Fresken einen unschätzbaren Einblick in die vergangene Welt dieser Künstler: Blumen sind liebevoll und wirklichkeitsgetreu dargestellt, wilde und zahme Tiere spielen in Gärten, Knaben liefern sich einen Boxkampf, Vögel schwirren zwischen den Blumen umher, Schiffe laufen in unbekannte Häfen ein, und ein Mädchen hält beim Krokuspflücken inne, um seinen verletzten Fuß zu verarzten.

In der therischen Kunst und wahrscheinlich auch im therischen Leben spielten Riten und Zeremonien eine zentrale Rolle. So zeigt ein Fresko eine Prozession von Gläubigen, die einen felsigen Hügel erklimmen, um auf dem Gipfel ein Ritual durchzuführen – möglicherweise zu Ehren einer Hirtengottheit, da in der Nähe Schäfer mit ihren Herden auftauchen. Auf einem anderen Wandgemälde sind Frauen zu sehen, die die Staubgefäße des Safrans sammeln und sie einer auf einem Thron sitzenden weiblichen Gestalt darbringen, die höchstwahrscheinlich eine Göttin darstellt, da sie alle anderen Personen deutlich an Größe überragt. Flankiert wird sie von einem Affen, einem exotischen Tier, das auf Thera nicht existiert, und einem Wesen aus der Sagenwelt, einem Greif.

Keine noch so mächtige Göttin vermochte die Therer aber vor der Katastrophe zu schützen, die ihre Insel zerstörte. Doch auch wenn die Menschen ihre Häuser verloren, konnten sich die meisten von ihnen wohl rechtzeitig in Sicherheit bringen. Jedenfalls hat man bisher weder menschliche Skelette noch irgendwelche wertvollen Gegenstände aufgefunden. Zweifellos erschütterten Erdbeben die Insel schon Monate vor dem verheerenden Ausbruch, doch wurden sie wohl nicht als Vorboten der nahenden Katastrophe erkannt. Kaum waren sie vorüber, machten sich die Menschen nämlich daran, ihre beschädigten Häuser wieder instand zu setzen. Die Archäologen haben Indizien für derlei unvollendet gebliebene Arbeiten gefunden. Mit Kerben versehene und an starken Tauen befestigte Felsblöcke wurden dazu verwendet, baufällige Mauern einzureißen. In einem Raum stießen die Ausgräber auf Schüsseln, die noch immer mit Mörtel gefüllt waren – offenbar dazu gedacht, wiederhergestellte Mauern neu zu verputzen.

Mitten im Wiederaufbau brach die Arbeit ab. Die Menschen müssen gespürt haben, daß etwas Unvorstellbares, Grauenerregendes, unmittelbar bevorstand; vielleicht wurden sie auch durch Rauchfahnen über dem Berggipfel oder durch übelriechende Dämpfe gewarnt, die den Hang herabzogen und die Stadt zu verpesten begannen. Als der Ruf zur allgemeinen Flucht erscholl, legten die Handwerker ihr Werkzeug nieder. Zurück blieben sowohl Rohmaterialien als auch halbfertige Produkte, aber nur inige wenige Objekte aus Metall, die zu der Zeit vermutlich noch regelrechte Kostbarkeiten darstellten und sich außerdem relativ leicht transportieren ließen. Nachdem sie ihr Hab und Gut mit Ausnahme zu sperriger oder relativ wertloser Gegenstände wie Töpferwaren zusammengepackt und einige Vorratskrüge mit Nahrungsmitteln für den Tag ihrer erhofften Rückkehr vergraben hatten, bestiegen die Therer offenbar ihre Schiffe und segelten mit unbekanntem Ziel davon.

Thera blieb nicht für immer unbewohnt. Schon nach wenigen Jahrhunderten kamen wieder Menschen auf die Insel und bauten neue Häuser auf den mit Asche bedeckten, verlassenen Siedlungen ihrer Vorgänger oder in der Umgebung. Im 5. Jahrhundert v. Chr. gab der griechische Geschichtsschreiber Herodot eine schon zu seiner Zeit uralte Sage wieder, die eine mythische Erklärung für die Eingliederung Theras in die griechische Welt gab. Als Zeus in Stiergestalt die Prinzessin Europe entführt hatte, verließen deren Mutter und Brüder das heimatliche Phönizien, um sie auf den Inseln zu suchen. Einer der Brüder, Kadmos, machte Zwischenstation auf Thera, errichtete dort einen Tempel für

Poseidon und ließ einige seiner phönizischen Gefährten und Verwandten zurück. Offenbar fanden die Siedler einheimische Frauen auf der Insel vor, denn sie zeugten Kinder. Nach acht Generationen segelten Griechen aus Sparta über das Meer und erhoben Anspruch auf Thera.

Auch die neuen Herren der Insel bekamen den feurigen Atem des Vulkans zu spüren. Der griechische Geschichtsschreiber Strabon schilderte um die Zeitenwende die Auswirkungen eines Ausbruchs, der 197 v. Chr. zur Entstehung einer neuen Insel in dem versunkenen Krater führte. „Zwischen Thera und Therasia schossen Flammen aus dem Meer empor", schrieb er, „und brannten vier Tage lang, so daß die ganze See kochte und loderte, und die Flammen trieben eine Insel empor, die aus einer glühenden Masse bestand und allmählich aus den Fluten stieg, als würde sie mit Hebeln hochgehoben." Diese kleine Insel heißt heute Palaia Kameni („Alte verbrannte Insel").

Solche Eruptionen setzten sich bis in die Neuzeit fort. Bei einem Ausbruch im Jahre 1650 schossen Flammen so hoch in den Himmel, daß sie noch in Herakleion auf Kreta gesichtet wurden, und die durch die Explosion erzeugte Flutwelle fegte eine türkische Invasionsflotte, die die Stadt bedroht hatte, hinweg. Zwischen 1866 und 1950 führten fünf Perioden vulkanischer Aktivität dazu, daß weitere Felsen aus dem Meer auftauchten, wieder versanken, erneut an die Wasseroberfläche stiegen und schließlich zu einer neuen Insel verschmolzen – Nea Kameni. Noch heute treten siedendheiße Dämpfe aus den Spalten des Vulkans aus, der sich seit der verheerenden Eruption neu gebildet hat.

Unter der Last der Asche, die sich in prähistorischer Zeit meterhoch auf Thera legte, stürzte diese steinerne Treppe im Nordteil des Delta-Hauses ein. Die erst teilweise freigelegten Stufen scheinen die Archäologen aufzufordern, weiterzugraben und zu sehen, wohin sie führen.

Für Marinatos sollte der unermüdliche Einsatz für die Wiederherstellung der prähistorischen Stadt tragisch enden. Während er 1974 die Installation eines neuen Gerätes zum Entfernen der Asche von der Grabungsstätte beaufsichtigte, stieg er auf eine Mauer und begann, die Arbeiter mit hektischen Instruktionen und Warnungen zu überschütten. Plötzlich krümmte er sich vor Schmerz und brach zusammen; er starb an den Folgen des Schlaganfalls und der Verletzungen, die er sich bei dem Sturz zugezogen hatte. Sein Leben endete nahe der Stelle, an der er den ersten Spatenstich auf Thera getan hatte. Er wurde, wie er es gewünscht hatte, in Raum 16 des Delta-Hauses begraben. In diesem Erdgeschoßzimmer hatte Marinatos zwei Trinkgefäße aus den Schalen von Straußeneiern gefunden. Die Becher wiesen farbige Glasuren auf, die entsprechenden Substanzen ähnelten, die im alten Ägypten verwendet wurden, und Marinatos hatte darin ein Indiz für Kontakte zwischen Thera und dem Pharaonenreich gesehen.

Nach Marinatos kamen zahllose Fachleute, die die Grabungen auf Thera fortsetzten, doch sein Einfluß blieb auf verschiedene Weise weiterhin spürbar. Christos Doumas, der ihm so lange Zeit assistiert hatte, übernahm die Leitung der Ausgrabung, und Marinatos' Tochter Nanno, die bei seinem Tod 24 Jahre alt gewesen war, wurde eine weltbekannte Spezialistin für therische Fresken. „Als mein Vater an den Wänden des Westhauses die Darstellung einer Flotte fand", erinnert sie sich, „interpretierte er sie als Hinweis auf eine historische Seereise. Als ich mich aber eingehend mit den Fresken befaßte, begann ich sie anders zu sehen. Es waren insbesondere solche Details wie Blumengirlanden in der Takelage, die mich stutzig machten. Meiner Meinung nach war da keine Seereise dargestellt, sondern ein religiöses Fest auf der Ägäis, möglicherweise ein Ritus zu Ehren einer minoischen Meeresgottheit. Das ist das Faszinierende an meiner Beziehung zu meinem Vater: Er hat mich so stark beeinflußt, und trotzdem gelange ich oft zu Schlußfolgerungen, die den seinen diametral entgegengesetzt sind."

Die Stätte bleibt ein fruchtbarer Boden für archäologische Untersuchungen; tatsächlich kennt man noch nicht einmal die Grenzen der antiken Stadt. Seit Marinatos' Tod hat man auf einem Areal von über einem Hektar weitere Häuser entdeckt, und ähnliche Ruinen fanden sich anderthalb Kilometer westlich sowie 400 Meter östlich der Grabungsstätte. Marinatos hatte erklärt, daß es nicht bloß Jahre, sondern Jahrhunderte dauern würde, all das, was in diesem archäologischen Paradies noch der Entdeckung harrt, auszugraben und auszuwerten. Doumas äußerte sich ähnlich: „Das Material, das an dieser Stätte zutage gefördert wird, ist so reichhaltig, daß ich nie damit zu Rande kommen werde; es wird eine ganze Armee von meinesgleichen nötig sein."

Unter der Bimssteinschicht von Akrotiri warten ungezählte Geheimnisse darauf, endlich gelüftet zu werden – Fresken, die Forschern ganz neue Erkenntnisse verschaffen könnten, allerlei Schätze, die aus Gewichtsgründen von den Eigentümern zurückgelassen wurden. Vielleicht wird man noch einen Palast finden und aus ihm Rückschlüsse auf das politische System von Akrotiri ziehen können. Weiterhin müßte es irgendwo einen Friedhof geben, dessen Gräber eine reiche Ausbeute an Knochen und rituellen Beigaben versprächen. Abgesehen von einigen wenigen Silben auf einem Gefäß sind bislang auch keine schriftlichen Zeugnisse aufgetaucht; vielleicht harrt ein ganzer Hort von Tontafeln der Entzifferung. Und schließlich kann man nicht unbedingt davon ausgehen, daß alle Therer es schafften, die Insel rechtzeitig zu verlassen. In der Nähe des alten Hafens liegen unter den Ablagerungen vielleicht die Skelette von Menschen – Menschen, die das letzte Boot verpaßten.

EIN EWIGER FRÜHLING

Mehr als 1600 Jahre bevor die römische Stadt Pompeji unter der Asche des Vesuv versank, ging Thera, das Pompeji der Ägäis, bei einem gewaltigen Vulkanausbruch unter; und wie im Fall der süditalienischen Stadt bewirkten die ausgespienen Massen, die die Insel unter sich begruben, daß die Bauten, vom Einfluß der Elemente unbeeinträchtigt, die folgenden dreieinhalb Jahrtausende nahezu unverändert überstanden.

Die unter einer Schicht aus Asche und Bimsstein konservierten Fresken der Fundstätte bei Akrotiri an der Südküste von Thera, des heutigen Santorin, zeugen von einer erstaunlich verfeinerten Kultur. Die Fresken an den Wänden der prähistorischen Häuser von Akrotiri zeigen vornehmlich Pflanzen und Tiere in lebendigen Farben *(oben)*, dazu menschliche Figuren in Szenen voller Bewegung und Dynamik. Ein einziges Stilleben befindet sich darunter, aber kein Porträt. Die meisten Gemälde erzählen eine Geschichte, und viele von ihnen sind so komplex, daß sie sich jeder Deutung entziehen. Hinzu kommt, daß die kosmopolitischen Therer nicht nur Motive und Symbole aus dem nahen Kreta und Griechenland verwendeten, sondern auch aus ferneren Ländern wie Ägypten. Wie später ihre römischen Kollegen, brachten die therischen Künstler ihre Werke direkt auf eine noch frische, besonders geglättete Putzschicht auf. Diese Technik verlangt rasche und sichere Pinselstriche des Malers – ersteres, damit das Bild fertig wird, ehe der Verputz trocknet, letzteres, da nach erfolgtem Farbauftrag keine Korrekturen mehr möglich sind. Die von den Künstlern verwendeten Rot-, Gelb , Orange- und Brauntöne basierten auf natürlichem Ocker; Schwarz aus Kohlenstoff und Mangan, Blau aus dem Mineral Glaukophan und Weiß ergänzten die Palette. Die schönste Wirkung erzielte Ägyptisch-Blau, ein Pigment, das importiert werden mußte und daher kostspielig war.

Die meisten Fresken mußten restauriert werden – teils weil sie abblätterten oder rissig geworden waren, teils weil sie schon bei dem Vulkanausbruch Schaden erlitten hatten. Die Fragmente mußten einzeln geborgen und wieder zusammengesetzt werden. So ist es Archäologen und Restauratoren gelungen, viele der alten Meisterwerke wieder in ihrem ursprünglichen Glanz erstrahlen zu lassen. Einige dieser Gemälde sind auf den folgenden Seiten reproduziert.

Das größte intakte Wandgemälde nicht nur in Akrotiri, sondern in der ganzen Ägäis ist das Frühlingsfresko, das auf drei Wänden eines Erdgeschoßzimmers im Delta-Haus eine Fläche von fast 15 Quadratmetern einnimmt. Fast meint man die leichte Brise in der vulkanischen Felslandschaft zu spüren, von der sich Schwalben zwischen knospenden und blühenden Lilien tragen lassen.

An zwei Wänden von Raum 6 des Beta-Hauses springen leuchtend blaue Affen, einige offenbar freche Obstdiebe, durch eine kahle Landschaft. Die flinken Bewohner Afrikas sind so lebensecht gemalt, daß es nur eine Alternative gibt: Entweder hat der Künstler ihre Heimat besucht, oder die Tiere wurden von ausländischen Händlern auf die Kykladen (zu denen auch Thera gehört) gebracht.

Unter einem Blätterfries – ein Motiv, das in der minoischen Kunst häufig auftaucht – boxen zwei Jünglinge, während nicht weit davon zwei Beisaantilopen, die heute nur noch in Ostafrika vorkommen, miteinander kämpfen oder spielen. Die Boxenden – sie wurden aus Tausenden von Putzfragmenten, die zum Teil nur wenige Millimeter groß waren, wieder zusammengesetzt – tragen einen gegürteten Lendenschurz und je einen Handschuh: die älteste bekannte Darstellung dieser spezifischen Sportkleidung. Ihre blaue Schädeldecke soll, wie man vermutet, die teilweise ausrasierte Kopfhaut darstellen und ist Indiz dafür, daß es sich bei den beiden um Halbwüchsige handelt.

Bei kultischen Festen dürften sich Frauen so gekleidet haben wie diese Mädchen unter einem Sternenfries. Sie haben geschminkte Wangen und Lippen und tragen weite Röcke mit offenem Oberteil. Den aparten Frauen, zu der noch eine dritte gehört (nicht abgebildet), verdankt das Gebäude, in dem sie sich befinden, die Bezeichnung das „Haus der Damen".

Dieses Fresko, das einen nackten Jüngling mit gerade gefangenen und gebündelten Makrelen darstellt, hat die Jahrtausende an einer Wand im Westhaus gut überstanden. Wie bei den boxenden Jungen im Beta-Gebäude zeigen sich auf seiner Kopfhaut neben langen Locken bläulich nachwachsende Haarstoppeln.

Zwei Schiffe – Teil einer Flotte, die auf dem 40 Zentimeter hohen und 6 Meter langen Fresko, das sich im Westhaus über eine ganze Wand erstreckte, dargestellt ist – laufen, vom Volk willkommen geheißen, in einen Hafen ein, bei dem es sich möglicherweise um den von Akrotiri handelt. Das Gemälde könnte für einen reichen therischen Kapitän – oder für eine Kultstätte – angefertigt worden sein. Manche Archäologen meinen nämlich, daß das Fresko vielleicht ein Fest oder eine Zeremonie darstellt, über deren religiösen Hintergrund allerdings nur spekuliert werden kann.

An der Ostwand von Raum 5 des Westhauses windet sich ein strahlend blauer Fluß durch eine windige subtropische Landschaft. Auch wenn die bescheidenen Dimensionen des Wasserlaufs einen Vergleich mit dem Nil nicht zulassen, erinnern die Palmen, Papyrusstauden und Gänse an entsprechende Szenen auf ägyptischen Wandgemälden. Panther und ein fliegender Greif steigern die Lebendigkeit des farbenfrohen Werkes.

DIE INSEL DER HUNDERT STÄDTE

Seit 16 Jahren schon beteiligten sich Jannis und Efi Sakellarakis, ein griechisches Archäologenehepaar, an Grabungen im nördlichen Kreta, als sie im Frühsommer 1979 den Hang eines Hügels untersuchten, unter dem sie minoische Ruinen vermuteten. Plötzlich sahen sie etwas, worin ein ungeübtes Auge lediglich das Fragment eines behauenen Kalksteins erkannt hätte. Anders die Sakellarakis, die sich sofort fragten, ob es sich nicht um einen Teil von einem sogenannten Kulthorn handeln könnte. Mit solchen Skulpturen, die ein Stierhorn versinnbildlichten, hatten die Minoer heilige Orte gekennzeichnet, so wie es bei jüngeren Religionen durch das Kreuz oder den Halbmond üblich ist. Als die beiden dann noch minoische Tonscherben fanden, beschlossen sie, eine systematische Ausgrabung vorzunehmen. Sie konnten nicht ahnen, daß in dieser friedlichen, ländlichen Gegend Dinge zutage kommen sollten, die an den Grundfesten der ägäischen Archäologie rütteln würden.

Einen kraftvollen Stier – ein minoisches Symbol der Kraft und Fruchtbarkeit – stellt dieses Libationsgefäß aus schwarzem Steatit, Muschelschale und Bergkristall dar. Es könnte einst dazu gedient haben, bei bestimmten Ritualen das Blut von Opfertieren aufzufangen.

Die Anhöhe, am Nordausläufer des Juktas gelegen, nannten die Einheimischen Anemospilia oder „Windhöhlen"; wie man sich in der Gegend erzählte, hatten die Stürme, die im Winter von der Ägäis heranbrausen, die Höhlen in den Fels des Hügels gemeißelt. Seine kräuterduftende Kuppe liegt sechs Kilometer südlich von Knossos, der Stadt, die Homer als die reichste unter den Städten Kretas rühmte und die Sir Arthur Evans Anfang dieses Jahrhunderts ausgegraben hatte.

Anemospilia wird überragt vom Juktas, einem alleinstehenden Berg, dessen Konturen, von Norden her betrachtet, an den Kopf eines

Riesen erinnern. Fragte man Kreter der Umgebung, so handelte es sich um das gigantische Profil des Zeus. Ein griechischer Mythos erzählte, der blitzeschleudernde Gott habe einst in Gestalt eines weißen Stieres eine phönikische Prinzessin mit dem beziehungsreichen Namen Europe nach Kreta entführt. Aus der Vereinigung des Zeus und der Europe gingen drei Söhne hervor; einer von ihnen war Minos, der Herrscher von Knossos. Mochte die Geschichte auch noch so phantastisch klingen: Knossos war ein realer Ort gewesen und in jeder Hinsicht so prächtig, wie Sagen und Dichtung ihn geschildert hatten. Den Mittelpunkt von Knossos bildete ein strahlender Palast, das Zentrum einer Kultur, deren geistige und materielle Errungenschaften denen des alten Ägypten in nichts nachstanden und den Rest Europas rückständig erscheinen ließen.

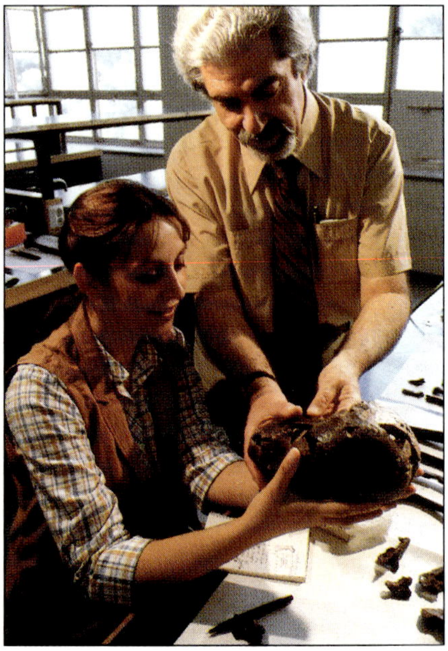

Zusammen mit dem Anthropologen Dr. Alexandros Contopoulos betrachtet die griechische Archäologin Efi Sakellarakis den Schädel eines der vier prähistorischen Skelette, die sie 1979 mit ihrem Ehemann Jannis bei Anemospilia entdeckte. Dieser Fund veranlaßte das Archäologenpaar zu dem umstrittenen Schluß, die Minoer hätten Menschenopfer durchgeführt. Dr. Contopoulos half dem Ehepaar Sakellarakis bei der Untersuchung der Skelette.

In der *Ilias* hatte Homer das „hundertstädtige Kreta" (an anderer Stelle sprach er von 90 Städten) besungen, und tatsächlich sind seit der Zeit von Evans Hunderte großenteils minoischer Siedlungen sowie drei weitere Palastanlagen – Phaistos, Mallia und Kato Zakros – und eine Reihe kleinerer, aber bedeutender Villen auf der großen Ägäisinsel gefunden worden. Doch trotz der Bauwerke, die man freigelegt hat, und der Artefakte bewahrten ihre Schöpfer einen Teil ihres Geheimnisses. Die Minoer sind zweifellos hervorragende Seefahrer gewesen, und ihre Kunst zeigt, daß sie in inniger Harmonie mit der Natur lebten. Lange Zeit glaubte man aufgrund archäologischer Erkenntnisse außerdem zu wissen, daß sie friedfertige, sinnenfrohe Menschen waren, die in enger Gemeinschaft einträchtig miteinander und dem Rest der Welt lebten: ein bronzezeitliches Utopia. Doch neue Funde – darunter die der Sakellarakis – decken eine dunklere Seite der minoischen Kultur auf.

Es war die Hoffnung, etwas mehr Licht in die Geheimnisse der Minoer zu bringen, die das Ehepaar dazu veranlaßte, die Stelle, an der sie auf das Kalksteinfragment gestoßen waren, etwas gründlicher zu untersuchen. Angespornt durch die Aussicht, möglicherweise ein religiöses Bauwerk zu entdecken, stellten sie ein Grabungsteam aus Studenten der Athener Universität und Arbeitern aus den umliegenden Dörfern zusammen. Schon am Abend des ersten Tages stießen die Sakellarakis auf Spuren eines ummauerten Gebäudes, das sie als Kultstätte identifizierten. Obwohl es durch eine Katastrophe schwer beschädigt worden war, ließ sich noch erkennen, daß es aus drei kleinen Zimmern bestanden hatte: einem zentralen Raum mit zwei Nebenkammern, in denen einst vielleicht die Opfergaben hergerichtet wurden, ehe Priester sie zu einem Altar im mittleren Raum trugen. Alle Kammern lagen an einem gemeinsamen Korridor, und diesem Gang widmeten die Sakellarakis nun ihre Aufmerksamkeit. (Als andere Archäologen die Fundstelle später untersuchten, äußerten sie die Vermutung, daß sich auf der anderen Seite des Korridors noch einmal drei Zimmer befunden haben könnten.)

Das Photo zeigt Jannis Sakellarakis mit einem der über 400 Keramikgefäße in der Hand, die an einer Kultstätte bei Anemospilia geborgen wurden. Der Fund ließ den Archäologen und sein Team Spekulationen über die religiösen Aktivitäten anstellen, die an diesem geweihten Ort stattgefunden haben könnten.

Irgendwann in der Vergangenheit hatten Schatzsucher versucht, sich gewaltsam Zutritt zu dem eingestürzten und ausgebrannten Gebäude zu verschaffen. Wie die Sakellarakis allerdings zu ihrer großen Erleichterung feststellten, war der Korridor mitsamt seinem Inhalt zwar vom Feuer geschwärzt, aber offenbar nicht ausgeplündert worden. Die Gläubigen hatten in ihm Keramikgefäße aufgestellt, in denen Opfergaben wie Obst, Getreide, Milch, Honig und Wein gelagert wurden. Wie durch ein Wunder hatten ein paar dieser Gefäße den Einsturz des Gebäudes überlebt und enthielten noch immer verkohlte Obstsamen. Von den übrigen gab es nur noch Scherben. Die Tongefäße gehörten einem bekannten, datierbaren Typus an, der sich durch florale Verzierungen auszeichnet; letztere sind mit breiten Pinselstrichen in hellen Farbtönen auf dunklem Untergrund ausgeführt. Dies legte den Schluß nahe, daß das Heiligtum von Amenospilia um 1700 v. Chr. entstanden und aller Wahrscheinlichkeit nach nicht länger als 150 Jahre genutzt worden war. Die Tatsache, daß man sowohl die großen, exakt zubehauenen Mauersteine als auch die Krüge gekippt vorfand, deutete an, daß eine Naturkatastrophe, wahrscheinlich ein Erdbeben, für den Zerfall des Bauwerks verantwortlich war. Da außerdem keine Keramik aus irgendeiner späteren Periode zum Vorschein kam, konnte man mit ziemlicher Sicherheit folgern, daß die Kultstätte nach ihrer Zerstörung aufgegeben worden war.

Die Katastrophen-Theorie wurde durch die Entdeckung eines Skeletts unbestimmbaren Geschlechts gestützt, das mit zerschmetterten Knochen im Korridor lag – die ersten sterblichen Überreste eines Minoers, die man außerhalb einer Begräbnisstätte freilegte. Der Fund spornte die Archäologen an, sich nun auf den mittleren Raum zu konzentrieren, wo sie Hinweise auf die Identität der Gottheit zu finden hofften, der das Heiligtum geweiht war. Spuren von männlichen und weiblichen Idolen hatte man schon in mehreren Kultbauten gefunden. Minoische Fresken, Siegel und Elfenbeinarbeiten zeigen solche Götter in der Regel in prunkvollen Gewändern und mit reichem Kopfschmuck. Von den hölzernen Idolen, die es auch gegeben haben muß, sind nur die – aus Stein oder Bronze bestehenden – Haare, Hände und Füße erhalten geblieben.

Die Sakellarakis hatten Glück, denn nach einiger Zeit stießen sie in der Zentralkammer tatsächlich auf die Überreste eines Götterbildes.

Wenn das Ehepaar Sakellarakis mit seiner Vermutung recht hat, so sind diese zwei tönernen Füße aus Anemospilia alles, was von einem lebensgroßen Bildnis einer minoischen Gottheit übriggeblieben ist. Als Teile eines sogenannten Akroliths wurden diese Extremitäten offenbar aus einem anderen Material hergestellt als der – längst verrottete – Rest der Figur. Da lebensgroße Plastiken aus minoischer Zeit bislang nicht bekannt sind, ist dieser Fund um so bemerkenswerter.

Außer einigen verkohlten Holzresten gruben sie zwei große tönerne Füße aus. Oberhalb der Knöchel waren sie wie vierkantige Zapfen gestaltet; der Gedanke, daß es eine entsprechend gestaltete langgewandete Skulptur aus Holz dazu gegeben haben mußte, die auf ihnen stand, lag nur allzu nahe. Die Dimensionen der Füße ließen auf eine lebensgroße Statue schließen. Das Idol hatte seinen Platz wahrscheinlich auf einer sitzbankähnlichen steinernen Plattform gehabt, die an der Rückwand in den Fels des Hügels geschlagen war. An einem Ende war der Stein im Naturzustand belassen worden und sollte möglicherweise die heilige Erde symbolisieren. Tonscherben bedeckten den ganzen Fußboden der Kammer. Als die Archäologen ihre Grabung auf das im Osten angrenzende Zimmer ausweiteten, fanden sie Keramikgefäße, die vor einem zerstörten Stufenaltar aufgereiht standen. Diese Gefäße waren für die Aufnahme von Opfergaben wie Obst und verschiedenen Flüssigkeiten gedacht gewesen; das mittlere trug am Rand eine Inschrift im alten minoischen Linear A *(S. 122)*. Anschließend wurde das Westzimmer freigelegt, in akribischer Feinarbeit Zentimeter für Zentimeter, doch ohne größeren Erfolg. Die Stimmung im Team näherte sich allmählich dem Nullpunkt. Dies änderte sich mit einem Schlag, als man auf drei weitere Skelette stieß. Zwei von ihnen lagen der Länge nach auf dem Boden und stammten offenbar von Menschen, die bei dem Erdbeben umgekommen waren. Das dritte befand sich auf einem sehr niedrigen Altar und schien auf den ersten Blick das Skelett eines Stierkalbs oder eines anderen Opfertieres zu sein. Ein Arbeiter, der den Schutt vorsichtig von den Knochen auf dem Altar abtrug, fand auf dem Unterleib des Skeletts einen Metallgegenstand, der sich bei näherer Betrachtung als eine 40 Zentimeter lange, schwere Bronzewaffe entpuppte – ein Dolch vielleicht oder eine Speerspitze. Die scharfe Klinge war auf beiden Seiten mit dem gleichen Bild graviert; es zeigte ein seltsames Mischwesen mit schräggestellten Fuchsaugen, Wildschweinrüssel und -hauern und Ohren wie Schmetterlingsflügel.

Neugierig zu erfahren, um was für ein Tier es sich bei dem Opfer gehandelt haben könnte, begann Jannis Sakellarakis, die Knochen zu reinigen. Plötzlich zuckte er zusammen. „Das war ein Mensch", verkündete er. „Es klingt sehr unwahrscheinlich, aber ich glaube, wir haben die Überreste eines Menschenopfers gefunden." Da sie sich darüber im klaren waren, was für eine Kontroverse diese Interpretation auslösen würde, holten die Archäologen das sachverständige Urteil zweier wissenschaftlicher Mitarbeiter des Anthropologischen Museums der Medizinischen Hochschule von Athen und eines Assistenzprofessors für Kriminologie von der Athener Universität ein. Nach gründlicher Untersuchung des Beweismaterials legten die Experten ihr Gutachten vor.

Das Skelett war das eines 1,65 Meter großen Jünglings, der auf der Seite liegend gestorben war. Seine Beine waren so weit zurückgebogen, daß die rechte Ferse fast den Oberschenkelknochen berührte, so als sei er, wie ein für die Schlachtbank vorbereiteter Stier, fest verschnürt gewesen. Für die Sakellarakis ebenso wie für die Sachverständigen erschien die Schlußfolgerung zwingend: Der junge Mann war tatsächlich geopfert worden. Man hatte ihm die Kehle aufgeschlitzt, ihn ausbluten lassen – und dann hatte die Erde gebebt.

Vielleicht, so schlug einer der Experten vor, war das Opfer mit Drogen betäubt worden. Andere hielten es für möglich, daß er freiwillig in den Tod gegangen war, um die Götter, deren Zorn die Kultstätte wahrscheinlich während des ganzen Rituals erschütterte und mit Donnergrollen erfüllte, zu besänftigen. Doch wer hatte das Messer geführt? Das weiter vom Altar entfernte Skelett war das einer etwa 28jährigen Frau, die vornüber gefallen war. Auch wenn Frauen in der minoischen Religion eine wichtige Rolle spielten, schied diese wegen Mangels an Indizien als Täterin aus. Das andere Skelett lag nicht nur näher am Altar, sondern machte auch sonst einen „verdächtigeren" Eindruck. Es stammte von einem 1,83 Meter großen Mann, dessen Alter man auf Ende 30 schätzte und der zwei Schmuckstücke trug, die gewisse Rückschlüsse auf seinen Stand zuließen. Am kleinen Finger seiner linken Hand steckte ein Ring aus Silber und Eisen von der Art, wie man sie von Fürstengräbern jüngeren Datums her kannte. Das Eisen bedeckte das Silber, da es das damals seltenere und wertvollere Metall war; es wurde in der Regel aus Meteoriten gewonnen und war nur für reiche und gesellschaftlich hochstehende Personen erschwinglich. Ein weiteres

Für die Überreste eines Opferrituals hielt das Ehepaar Sakellarakis die Knochen eines jungen Mannes, die auf einem Altar aufgefunden wurden. Er war zum Zeitpunkt seines Todes ungefähr 18 Jahre alt. Die beiden Archäologen schlossen aus der ungewöhnlichen Position des Skeletts, daß der Jüngling wie ein Opfertier mit angezogenen Beinen verschnürt worden war. Sie hielten es außerdem für wahrscheinlich, daß die – mit der Darstellung eines seltsamen Mischwesens gravierte – Bronzeklinge, die auf den Knochen lag, das Schlachtmesser war, mit dem die Kehle des Jünglings aufgeschlitzt wurde.

Zeichen seines hohen Ranges war ein Steinsiegel, das man in der Nähe seines Handgelenks fand. Es stellte einen Mann dar, der einen Kahn mit Hilfe einer langen Stange vorwärts bewegt.

Nach Aussage der Sakellarakis handelte es sich um einen Priester und eine Priesterin. Beide waren offenbar zu Tode gekommen, als schwere Steine aus der Decke brachen und durch umstürzende Öllampen, die man noch im Schutt der Kultstätte fand, ein Feuer ausbrach.

Vielleicht konnte das Skelett, das im Korridor aufgefunden worden war, weiteren Aufschluß geben. Die zertrümmerten Knochen verrieten nichts über die Rolle, die der Mann bei der Opferhandlung gespielt haben mochte, wohl aber die 105 Tonscherben, die neben ihm gelegen hatten. Sorgfältig wieder zusammengesetzt, ergaben sie einen schönen Keramikkrug mit einem erhaben gearbeiteten, rotgefleckten Stier, der seiner Form nach bei Trankopfern eine Rolle gespielt haben konnte. Die Sakellarakis fanden es wahrscheinlicher, daß das Gefäß dazu gedient hatte, das Blut geopferter Stiere aufzufangen. Bei diesem letzten Ritual aber, so glaubten sie, hatte es das Blut des jungen Mannes enthalten.

Die Archäologen entwarfen ein Szenario der Ereignisse, die sich an jenem schicksalhaften Tag vor mehr als 3500 Jahren im Heiligtum von Anemospilia abgespielt haben könnten: Als Erdbeben die Insel heimsuchten, unternahm ein Oberpriester zusammen mit zwei Helfern den verzweifelten Versuch, die Katastrophe durch die Opferung eines Menschen – möglicherweise seines eigenen Sohnes – abzuwenden. Nachdem er dem Jüngling die Kehle durchgeschnitten hatte, legte der Priester das Messer nieder und fing das strömende Blut auf. Ein zweiter Priester ergriff den Krug, der sonst bei Tieropfern verwendet wurde,

Dieser verputzte und mit Fresken im minoischen Stil bemalte Steinsarkophag aus einem Grab im Süden Kretas (ganz oben) illustriert die rituelle Schlachtung eines Stieres. Während ein Gehilfe auf der Flöte bläst und ein anderer einen Korb voll Obst auf einen Altar stellt, fließt das Blut des Tieres aus der Halswunde in ein Gefäß, das der bei Anemospilia aufgefundenen Vase (oben) ähnelt. Das aus Scherben wieder zusammengesetzte Gefäß ist ungefähr 60 Zentimeter hoch und trägt die Darstellung eines rotgefleckten Stieres.

und machte sich auf, um dem Idol im mittleren Zimmer das grausige Trankopfer darzubringen. Er kam nur bis zum Gang: In diesem Augenblick ließ eine besonders heftige Erschütterung das Gebäude einstürzen, und die steinerne Decke begrub die drei Priester und den Jüngling.

Wie die Sakellarakis erwartet hatten, löste ihre Theorie einen Sturm der Entrüstung aus, der im Jahre 1980 in einer öffentlichen Diskussion vor einem dichtgedrängten Publikum in Athen kulminierte. Namentlich die griechischen Landsleute des Archäologenpaares weigerten sich zu glauben, daß ihre ägäischen Vorfahren derartige Riten praktiziert haben sollten. Auch unter den Fachleuten gab es nicht viele, die das Bild von den sanftmütigen Minoern zu korrigieren geneigt waren.

Kaum war die Empörung abgeklungen, als der britische Experte für kretische Archäologie Peter Warren weitere Beweise dafür vorlegte, daß Menschenopfer ein unbestreitbarer Bestandteil der minoischen Ritualpraxis gewesen waren. Bei einer Grabung nordwestlich des Palastes von Knossos fand Warrens Team von der British School in Athen im Keller eines vornehmen spätminoischen Gebäudes, das nach Warrens Ansicht um 1450 v. Chr. durch ein Erdbeben zerstört worden war, über den Boden verstreute menschliche Knochen. Experten, die die 304 Knochenfragmente wieder zusammensetzten, gelangten zu dem Schluß, daß sie von zwei gesunden Kindern im Alter von etwa acht beziehungsweise elf Jahren stammten.

An 27 dieser Knochen fand man Messerspuren. Dabei handelte es sich nicht um die typischen Kerben, die eine Hieb- oder Stichwaffe hinterläßt; die feinen Ritzlinien zeigten vielmehr, daß die Klinge ruhig und mit Bedacht geführt worden war, und zwar nachdem die Kinder gestorben waren. Wahrscheinlich hatte man ihnen die Kehle so durchgeschnitten wie den Schafen, deren Knochen – mit den gleichen verräterischen Kratzern – im selben Kellerraum aufgefunden wurden. Viele der Messerspuren führten von den Gelenken weg, was darauf hindeutete, daß man das Fleisch in langen Schnitten von den Knochen gelöst hatte.

Weitere Indizien, die für die Opfertheorie sprachen, fand man auf Keramikgefäßen aus demselben Gebäude. Einige der insgesamt 37 Gefäße hatte man in vier großen Vorratskrügen oder *pithoi* entdeckt, die beim Brand des Hauses mitsamt der Erdgeschoßdecke in den Keller gestürzt waren. Zwei der Pithoi enthielten Trankopfergefäße vom Typ eines Rhyton, und Warren folgerte, daß diese Teil eines liturgischen Bestecks waren, das für besondere kultische Handlungen vorgesehen war. Unter den Darstellungen auf den Gefäßen befand sich ein Wesen, das an die Gorgo Medusa der griechischen Mythologie erinnerte – eine geflügelte, schlangenhaarige Frau mit wild starrenden Augen, einer großen Nase und ausgestreckter Zunge. In diesem Bild schien sich ein Hinweis auf die Identität der in dem Gebäude verehrten Gottheit zu verbergen.

Konnte es sich um die minoische Göttin der Natur handeln, die große Mutter- und Fruchtbarkeitsgöttin, die bisweilen mit Schlangen in den Händen dargestellt wurde? Einer alten Theorie zufolge war die griechische Medusa aus eben einer solchen Gottheit hervorgegangen.

Ein zweiter grausiger Aspekt des Kultes, der – zumindest in diesem Gebäude und zu dieser bestimmten Zeit – der Göttin gegolten hatte, fand sich in einem Raum, der an die Kammer mit den Überresten der Kinder angrenzte. Hier entdeckten die Archäologen ein Gefäß, das Muschelschalen, Fingerknochen von Kindern und einen Wirbel mit einer von einer Klinge herrührenden Kerbe – möglicherweise die Reste einer Mahlzeit – sowie verbrannte Erde enthielt. Auch wenn es sich um symbolische Opfergaben für die Naturgöttin gehandelt haben könnte, hält Peter Warren es für möglich, daß das Fleisch nach ekstatischer Anrufung der Göttin von den Gläubigen verzehrt wurde.

Seine Annahme stützt sich zum Teil auf den griechischen, aber möglicherweise in Kreta entstandenen Mythos von Zagreus, einem Jagd- und Vegetationsgott, der von den Titanen in Stücke gerissen, gekocht und gegessen, dann aber wieder zum Leben erweckt wurde. In klassischer Zeit brachte man Zagreus mit Zeus Kretagenes in Verbindung, einem jugendlichen Fruchtbarkeitsgott aus Kreta, der ebenfalls sterben mußte. Um ihn dem Tod zu entreißen, feierten seine Anhänger ein Fest, an dem auch seine Gefährtin, die Göttin der Natur beteiligt war. Zeus Kretagenes wird mit Dionysos in Verbindung gebracht, von dem die gleiche Geschichte erzählt wird. (Der ägyptische Gott Osiris teilte übrigens ihr Schicksal; auch er wurde wieder zum Leben erweckt.) Durch den Verzehr von Menschenfleisch, so behauptete Warren, identifizierten sich die Minoer möglicherweise mit dem auferstandenen Gott und damit auch mit der Erdgöttin, dem Urquell aller Fruchtbarkeit.

Die Möglichkeit, daß die Minoer derlei kannibalistische Riten praktizierten, erinnert an einen weiteren Mythos – die Geschichte von König Minos und seinem Palast in Knossos. Es heißt, der Meeresgott Poseidon habe Minos einen weißen Stier geschickt, damit dieser ihn opfere, doch der geizige König habe das Tier lieber für sich behalten. Um ihn zu bestrafen, bewirkte der Gott, daß seine Gattin, Königin Pasiphaë, in Liebe zu dem Stier entbrannte. Der kundige Handwerker Dädalus, ein Flüchtling aus Athen, ermöglichte es der Herrscherin, ihre Leidenschaft zu befriedigen, indem er eine hölzerne Kuh anfertigte, in der sie sich verbarg, und so in den Genuß der Liebesbeweise des getäuschten Stieres kam. Die Frucht dieser Vereinigung war der Minotaurus, der zur Hälfte Mensch, zur Hälfte Stier war. Minos ließ seinen mißgestalteten Stiefsohn in den von Dädalus eigens zu dem Zweck unter dem Palast von Knossos erbauten Labyrinth einsperren und fütterte ihn mit Jünglingen und Mädchen, die Athen als Tribut nach Kreta entsenden mußte.

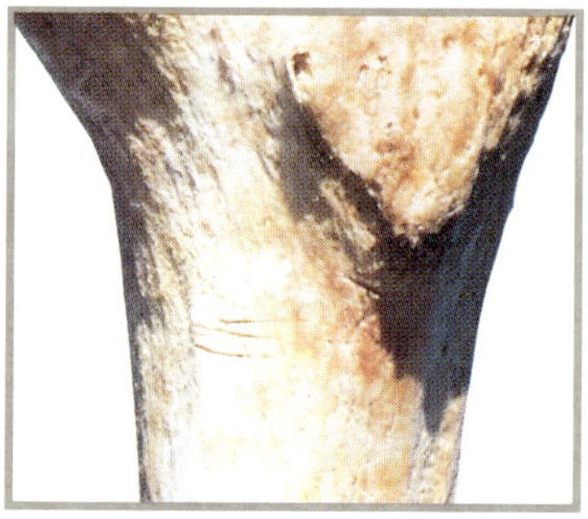

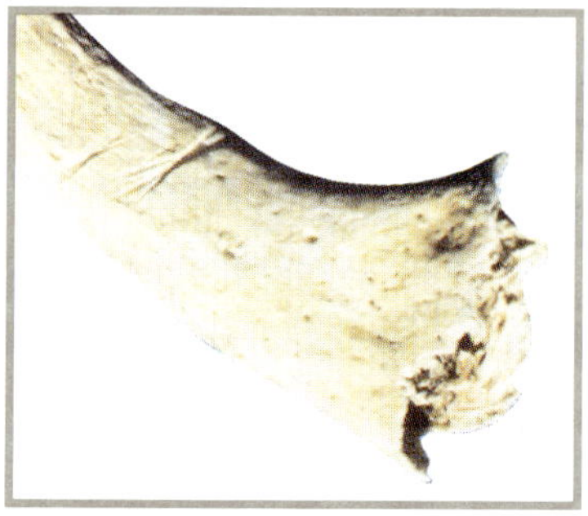

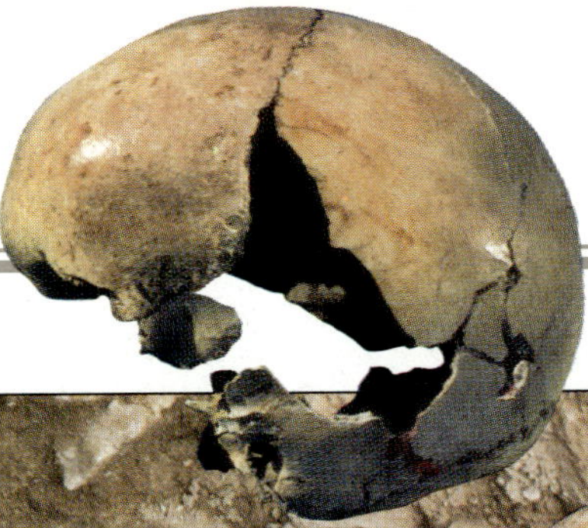

In Knossos fand Peter Warren diese grausigen Indizien, die auf die Praxis von Kinderopfern hindeuten. Der „Raum der Kinderknochen", wie er später genannt wurde, enthielt unter anderem eine Rippe, einen rechten Oberschenkelknochen und ein Schlüsselbein (links, von oben nach unten). Die von Messern stammenden Kerben beweisen, daß das Fleisch in derselben Weise von den Knochen gelöst wurde, wie dies bei Opfertieren üblich war. Anhand der aus 23 Knochenfragmenten wieder zusammengesetzten zwei Schädel (kleines Photo, oben) konnte Warrens Team nachweisen, daß die menschlichen Opfer acht beziehungsweise elf Jahre alt gewesen waren.

Die Geschichte stimmt in einigen Punkten mit bekannten Tatsachen überein, zum Beispiel der, daß Stiere eine wichtige Rolle in der minoischen Religion spielten. Die Kinderknochen, die man gefunden hatte, ließen auf Kannibalismus schließen und galten vielen Wissenschaftlern als Bestätigung ihrer Theorie, daß sich hinter Mythen oft mehr oder minder vage Erinnerungen an tatsächliche Ereignisse und Gebräuche verbergen, die als historische Quelle beziehungsweise zur archäologischen Deutung herangezogen werden können. Andere lehnen genau dies entschieden ab. Ein Vertreter der letztgenannten Schule verstieg sich sogar zu der Behauptung, in dem fraglichen Fall sei ein Serienmörder am Werk gewesen.

Nach Abwägung aller Argumente schließen sich viele Archäologen Warrens Auffassung an. Da das Bauwerk offenbar kurz nach dem Opfertod der Kinder in Trümmer fiel, spekulieren einige, daß sie genau wie der junge Mann in Anemospilia sterben mußten, um das sich ankündigende Unheil abzuwenden. Die Vorstellung, daß eine Naturkatastrophe die Minoer veranlaßt haben soll, Menschen zu opfern und ihr Fleisch zu verzehren, geht Warren jedoch nicht weit genug. Für ihn steht vielmehr fest, daß Kinderopfer und ritueller Kannibalismus ein seit langem etablierter Bestandteil der religiösen Praxis der Minoer gewesen sein mußten. Diese Folgerung, so räumt er ein, „stellt einen direkten Angriff" auf das traditionelle Bild der Minoer „als eines der friedfertigeren Völker der Antike dar". Ihr positives Image verdanken die alten Kreter zum Teil der Beobachtung, daß die minoischen Städte in der Ebene, nahe dem Meer, erbaut waren und daß ihre Paläste unbefestigt gewesen zu sein schienen. Da dies sie jedem Angreifer wehrlos auslieferte, mußte man zwangsläufig folgern, daß sie sich weder vor äußeren Feinden noch voreinander schützten mußten. Diese einst allgemein akzeptierte Vorstellung ist von mehreren Archäologen in Frage gestellt worden, die im früh- und mittelminoischen Kreta militärische Elemente entdeckt zu haben glauben; dazu gehören festungsartige Bauwerke, die als Wachtürme gedient haben, und bei manchen Palastanlagen offenbar Verteidigungsmauern. Die Stadt Mallia beispielsweise war von einer Lehmziegelmauer umgeben, deren Steinfundamente noch zu sehen sind.

Lange Zeit hat sich die Fachwelt mit der Erklärung begnügt, Kreta sei, wie schon die griechischen Geschichtsschreiber glaubten, durch eine große Kriegsflotte beschützt worden. Andere vertraten die Ansicht, die geographische Lage der Insel allein hätte ausgereicht, um Angriffe aus Ägypten und Kleinasien zu verhindern. Nur die Völker des ägäischen Raumes hätten die Möglichkeit zu einer Invasion gehabt, doch ihnen dürfte es jahrhundertelang sowohl an militärischer Schlagkraft als auch an Einigkeit für eine solche Expedition gemangelt haben.

In spätminoischer Zeit besaßen die Kreter nachweislich das ganze Arsenal der damals bekannten Kriegswaffen – Dolche, Schwerter, Rapiere, Äxte und Speere. Doch es ist nicht auszuschließen, daß diese lediglich als Symbole der Macht dienten oder nur zur Aufrechterhaltung der inneren Ordnung verwendet wurde. Der wichtigste Gegenstand für den individuellen Schutz scheint ein fast mannshoher, rechteckiger oder achtförmiger Schild gewesen zu sein, der aus einer über einen Holzrahmen gespannten Stierhaut bestand. Um den Kopf vor Verletzungen zu schützen, wurden Helme getragen, und zwar nicht nur bei kriegerischen Auseinandersetzungen, sondern auch bei Boxkämpfen. Manche Forscher haben die Vermutung geäußert, der Boxkampf und die anderen bei den Minoern beliebten sportlichen Aktivitäten könnten als eine Art paramilitärisches Training gedient haben.

Die Sakellarakis hüteten sich, weitreichende Schlüsse aus ihrer Entdeckung zu ziehen, und betonten immer wieder, daß das Opfer von Anemospilia nach ihrer Überzeugung das erste seiner Art gewesen war – der verzweifelte Versuch angstgepeinigter Menschen, einen zürnenden Gott zu besänftigen. Bestätigt wird diese Einschätzung der minoischen Kultur durch das Zeugnis ihrer Kunst, die mit wenigen Ausnahmen frei von jenen Darstellungen von Gewalt ist – Krieg, Bestrafung von Übeltätern, Mißhandlung von Niedriggestellten –, denen man im bronzezeitlichen Ägypten und Babylon fast auf Schritt und Tritt begegnet.

Wenn die Minoer nicht aus rein ästhetischen Erwägungen auf solche Darstellungen verzichteten, darf man in der Tat den Schluß ziehen, daß sie friedfertige Menschen waren und ein sorgloses, heiteres, wenn nicht verweichlichtes Leben führten. Manche glauben, daß Homer die Kreter im Sinn hatte, als er in der *Odyssee* die sagenhaften Phäaken beschrieb und ihrem König folgende Selbstdarstellung in den Mund legte: „Die hurtigsten Läufer sind wir und die trefflichsten Schiffer, / Lieben nur immer den Schmaus, den Reigentanz und die Laute, / Oft veränderten Schmuck und warme Bäder und Ruhe."

Nach ihren Palästen und Villen zu urteilen, legten die Minoer tatsächlich großen Wert auf einen komfortablen Lebensstil und ein anregendes, heiteres Ambiente. Die Wände der Räume, die öffentlich zugänglich waren, erhielten einen feinen Alabasterputz; auf Kalkputz brachte man Wandgemälde an, die Szenen aus der Natur oder dem höfischen Zeremoniell zeigten. Die Wohnbereiche waren in der Regel geräumig und großzügig geschnitten, ohne in Stil und Ausstattung erdrückend zu wirken; zu ihrer Ausstattung gehörten Räume, die man als Badezimmer mit eingebauten Abflüssen interpretiert hat. In Knossos hat man sogar eine Toilette gefunden. Lichtschächte und Innenhöfe

DAS STIERSPRINGEN: EINE AKROBATISCHE UND LEBENSGEFÄHRLICHE MUTPROBE

Es könnte der Lieblingssport der Minoer gewesen sein, bei dem junge Kreter und Keterinnen vor einem begeisterten Publikum ihre Gewandtheit und ihren Mut bewiesen, aber auch ihr Leben aufs Spiel setzten: das Springen über wilde Stiere, die vor Kraft und Angriffslust strotzten. Wie in einem akrobatischen Ballett versuchten diese unerschrockenen Mädchen und Jünglinge augenscheinlich, eine Reihe waghalsiger Saltos und Sprünge zwischen den Hörnern und über den Rücken der Tiere zu vollführen – verwegene Kunststücke, die von modernen Stierkämpfern und Rodeoreitern als selbstmörderisch, wenn nicht unmöglich eingestuft worden sind.

Die minoische Kunst ist reich an Darstellungen des Stiersprunges, in denen hell- und dunkelhäutige – also weibliche und männliche – Gestalten einzeln oder in Gruppen, wilde Stiere einfangen *(unten)* und schier unglaubliche akrobatische Akte vollführen *(nächste Seite)*. Solange allerdings Linear A, die Schrift und Sprache der Minoer, noch nicht entziffert ist, wird die Bedeutung des Stiersprunges ein Rätsel bleiben.

Man kann vermuten, daß die Darbietungen anläßlich größerer Feste stattfanden – vielleicht im Rahmen von Frühlingszeremonien zur Feier der Fruchtbarkeit und der Wiedergeburt. Aber ob die Sache als solche lediglich ein aufregender und spektakulärer – und lebensgefährlicher – Sport war, der von spezialisierten Athleten praktiziert wurde, oder vielmehr ein religiöser Ritus, der sich vielleicht aus dem Brauch, wilde Stiere als Opfertiere einzufangen, entwickelt hatte, ist nicht bekannt.

Immerhin scheint festzustehen, daß den Tieren bei diesem Schauspiel – auch wenn sie nach der Darbietung wahrscheinlich geopfert wurden – anders als beim spanischen Stierkampf kein Leid geschah. Und auch das Risiko der menschlichen Akteure könnte geringer gewesen sein, als es auf den ersten Blick aussieht; tatsächlich haben Archäologen Berge vorn Stierhörnern entdeckt, deren Spitzen rundgeschliffen worden waren.

Auf diesem getriebenen Goldbecher ist offenbar der Versuch dargestellt, wilde Stiere einzufangen. Die knapp neun Zentimeter große Fläche (hier abgerollt zu sehen) zeigt einen Stier, der einen Mann niederwirft und dabei von einer zweiten Gestalt – nach Evans einem jungen Mädchen – bei den Hörnern gepackt wird. Ein anderer Stier hat sich in einem starken Netz verfangen, während ein dritter hinter einer Palme verschwindet.

Gleichsam schwerelos scheint dieser Akrobat einen Salto über den Kopf des angreifenden Stieres zu schlagen, ohne die Hörner zu berühren. Die fliegenden Haare des Jünglings stellen die einzige Verbindung zu dem 17,5 Zentimeter langen massiven Bronzestier dar.

Zirkusreif ist der Sprung über den Rücken eines Stieres auf diesem goldenen Siegelring, der höchstwahrscheinlich aus einem Grab in der Nähe von Knossos gestohlen wurde, bevor Arthur Evans ihn erwarb.

Eine von mehreren Elfenbeinstatuetten, die im Palast von Knossos aufgefunden wurden, verrät das hohe Niveau der minoischen Bildhauerkunst: An dem gestreckten Körper des Jünglings, der mit fast 30 Zentimeter Länge zu groß war, um aus einem einzigen Stück des kostbaren Materials geschnitzt werden zu können, sind selbst so feine Details wie Adern und Fingernägel zu erkennen.

Ein Fresko aus der Serie in Knossos zeigt einen jungen Mann beim kühnen Überschlag auf dem Rücken eines heranjagenden Stieres, dem zwei andere Gestalten – nach ihrer weißen Haut zu urteilen, Mädchen – möglicherweise Hilfestellung leisten. Wenn man sieht, wie weit seitlich am Stierrücken sich der Akrobat aufstützt, muß man sagen, daß dieser Handstandüberschlag physisch überhaupt nicht durchführbar ist.

sorgten für Helligkeit und eine relativ gute Belüftung der Räume. Säulengänge führten zu abgeschlossenen Privatterrassen.

Kreta könnte besonders geeignet gewesen sein, ein vielleicht in der Mentalität der Minoer verankertes Harmoniebedürfnis zu stärken. Für frühbronzezeitliche Verhältnisse weitab gelegen, brachte die Insel vermutlich eine ungewöhnliche Homogenität hervor, eine Bevölkerung, die dieselbe Sprache und dieselben Sitten einten. Dies wiederum förderte die Bereitschaft zum Teilen und zur Zusammenarbeit, so daß sich, zumindest anfänglich, eine starke, zentralistische Regierung erübrigte. In diesem Klima der Harmonie entstanden um 1900 v. Chr. die ersten Paläste, die in der Tat weniger den Charakter von fürstlichen Residenzen als den von Gemeindezentren mit Werkstätten, Magazinen, Geschäften, Wohnquartieren und Kultstätten hatten.

Die Kleine Pariserin, wie die auf diesem Freskofragment aus dem Palast von Knossos dargestellte betörende Frau wegen ihrer geschminkten Lippen getauft wurde, ist wahrscheinlich eine Priesterin im Ornat oder sogar eine Göttin. Die Schleife in ihrem Nacken, die Teil einer Zeremonialtracht gewesen zu sein scheint, zeigt möglicherweise ihre spezifische Rolle bei einer religiösen Feier an.

Nach Auffassung vieler Fachleute zeichnete sich die kretische Gesellschaft nicht nur durch ethnische Homogenität, sondern auch eine relative Egalität aus, insbesondere in frühminoischer Zeit, obgleich es natürlich Führer irgendwelcher Art gegeben haben muß. Ebenso wie ein Grab oft den Status des in ihm Bestatteten widerspiegelt, erlauben die Bestattungsbräuche einer Gesellschaft Rückschlüsse auf ihre soziale Schichtung. Die Gräber des Frühminoikums – ab der Mitte des 3. vorchristlichen Jahrtausends – sind zumeist große Rundbauten von 4,50 bis über 12 Meter Durchmesser; sie trugen nicht mehr vorhandene Flachdächer aus beworfenem Flechtwerk. Die große Anzahl der jeweils in einem solchen Bauwerk aufgefundenen Skelette legt für manche Archäologen die Vermutung nahe, daß es sich bei den Gräbern um Familiengrüfte handelte, was wiederum für eine durch Verwandtschaftsbeziehungen strukturierte, egalitäre, dörfliche Gesellschaftsform spräche. Ein gutes Beispiel war Myrtos an der Südküste Kretas, eine Siedlung aus 90 verbundenen Räumen, die sich zwischen 2600 und 2200 v. Chr. auf einer Fläche von nur 1200 Quadratmetern erstreckten.

In dieser frühen, formativen Periode der minoischen Zivilisation bildeten sich nach und nach größere regionale Zentren heraus, auf die der einzelne und die kommunale Gemeinschaft einen Teil ihrer Rechte und Pflichten übertrugen; von ihnen entwickelten sich manche zu Palästen. Gleichzeitig entstanden ausgeprägtere hierarchische Strukturen. Diese sogenannte Frühpalastzeit begann um 1900 v. Chr. und endete etwa 1700 v. Chr., als, wie man glaubt, ein Erdbeben Kreta heimsuchte und die „erste Generation" der fürstlichen Anlagen verwüstete. Alle wurden wiederaufgebaut, und in Zakros an der Ostküste der Insel entstanden die Mauern eines Palastes, der die nächste Periode einleitete. Den Zenit erreichte die Palastkultur zwischen 1700 und 1470 v. Chr.

Die 40 Zentimeter hohe Elfenbeinfigur mit goldenen Sandalen – eines der größten Meisterwerke der minoischen Kunst – wurde aus Fragmenten zusammengesetzt, die man in den späten achtziger Jahren gefunden hatte. Manche Archäologen sind der Ansicht, daß die Figur einen jugendlichen Zeus darstellen könnte, womit bewiesen wäre, daß dieser griechische Gott schon Jahrhunderte vor Homers Geburt auf Kreta verehrt wurde.

In der sich ausprägenden Gesellschaftsstruktur bildeten die Bewohner der Paläste vermutlich die Oberschicht. Ihnen nachgeordnet

waren die Verwalter der über das Palastterritorium verstreuten Villen, die eine Mittlerfunktion für alle Transaktionen zwischen den Palästen und dem Land hatten. Die Basis der gesellschaftlichen Pyramide stellten Bauern und Dorfbewohner dar. Ein Indikator der zunehmenden Bedeutung, die persönlichem Reichtum und Status beigemessen wurde, ist die größere Zahl der Einzelbestattungen. Die weiterhin fortgesetzte Praxis der Kollektivbestattung spricht allerdings dafür, daß die Klassenunterschiede insgesamt eher verschwommen blieben. Die Archäologen vermuten, daß es eine einheitliche Gesellschaftsstruktur gab, die auf verwandtschaftlichen Banden oder anderen Gemeinsamkeiten wie zum Beispiel der Tätigkeit basierten. Mit der Zunahme der gesellschaftlichen Stratifikation scheint eine fortschreitende Zentralisierung der regionalen Machtverhältnisse stattgefunden zu haben. Möglicherweise dehnte Knossos zu dieser Zeit seinen Einflußbereich aus, so daß es zuletzt den größten Teil des mittleren und nördlichen Kretas kontrollierte.

Mittlerweile konzentrierte sich das religiöse und wirtschaftliche Leben immer stärker auf die Paläste. Sakrale Artefakte fanden sich in all ihren Gebäuden; einzelne Räume waren offenbar ausschließlich kultischen Zwecken vorbehalten. Für die jeweils unter ihrem Einfluß stehende Region waren sie darüber hinaus Zentren der Warenproduktion, der Lagerung von Nahrungsmitteln, Rohstoffen und fertigen Produkten sowie des Vertriebs dieser Güter durch den überseeischen Handel. Die Bauern brachten ihre Überschüsse zu den Villen und Palästen, wo ihre Erzeugnisse gelagert oder weiterverarbeitet und zur Bezahlung von Importen, zur Entlohnung des Palastpersonals oder zur Versorgung von Bevölkerungsgruppen, die selbst keine Nahrungsmittel produzierten, verwendet wurden. Ob die Bauern durch diese Lieferungen eine Steuerschuld gegenüber dem Palast abtrugen oder eine Art Pachtzins für das bewirtschaftete Land entrichteten, ist nicht bekannt; ebensowenig weiß man, wie und nach welchem Prinzip die Gefäße, Werkzeuge, Juwelen, Kleidungsstücke, Ritualgegenstände und anderen in den Palastwerkstätten hergestellten oder vom Ausland importierten Artikel verteilt wurden. Da alle Unterlagen über diese Transaktionen in Linear A, der Schrift, die man bisher nicht entziffert hat, abgefaßt und darüber hinaus nur in Fragmenten erhalten sind, können die Archäologen in dieser Hinsicht nur Spekulationen anstellen.

Ein weiteres Rätsel ist die Frage, wer das minoische Kreta zur Zeit seiner Blüte regierte. „Minos", in der griechischen Mythologie der Name eines bestimmten Königs von Knossos, könnte in Wirklichkeit ein Titel entsprechend dem ägyptischen „Pharao" gewesen sein. Minos muß aber nicht als alleiniger Herrscher über die Insel geherrscht haben. Zieht man die griechische Mythologie zu Rate, so stößt man in Verbindung mit den Palästen von Knossos, Phaistos und Mallia auf die drei Söhne des Zeus und der Europe: Minos, Rhadamanthys und Sarpedon. Vielleicht sorgte die Tatsache, daß sie miteinander verwandt waren – wenn es denn eine Tatsache war –, auf der Insel für ein harmonisches Gleichgewicht der Kräfte. Den Mythen zufolge waren die drei sagenhaften Brüder jedenfalls gute Könige, denn die Griechen belohnten Minos und Rhadamanthys für ihre gerechte Regierung, indem sie sie nach ihrem Tod zu Richtern in der Unterwelt machten.

Obwohl Anlage und Ausstattung der minoischen Paläste darauf hindeuten, daß sie von Königen und Königinnen bewohnt wurden, scheinen die Minoer der Darstellung von Herrschern in der Malerei nicht den Wert beigemessen zu haben, wie das etwa in der zeitgleichen ägyptischen Kunst der Fall ist. Diese Diskrepanz könnte jedoch lediglich von unserer Unfähigkeit herrühren, Porträts von Fürsten überhaupt als solche zu erkennen. Evans zum Beispiel glaubte auf Siegelabdrücken aus Knossos einen König und einen Prinzen nachweisen zu können, doch solange die diese Bilder begleitenden Schriftzeichen unentziffert bleiben, kann niemand sagen, welche Titel und welche Autorität diese Personen tatsächlich besaßen. Dessenungeachtet gelangte Evans zu dem Schluß, daß die höchste Macht wahrscheinlich in den Händen einer Dynastie von Priesterkönigen ruhte, die stellvertretend im Namen der obersten Gottheit, der Fruchtbarkeitsgöttin, regierten.

Da so viele Räume in den Palästen offenbar rituellen Zwecken vorbehalten waren, liegt der Gedanke, daß die minoische Verwaltung im wesentlichen theokratisch war, nicht fern. Ein Forscher ist sich dessen sogar so sicher, daß er meint, die minoischen Paläste hätten überhaupt nur durch freiwillige Mitarbeit der gesamten Bevölkerung entstehen können, durch Menschen also, die nicht aus Angst vor einem Tyrannen, sondern in dem Bewußtsein arbeiteten, daß sie ein Haus für die Göttin bauten, in dem der König als deren Stellvertreter residieren würde.

Möglicherweise wurde die Macht der minoischen Herrscher, wie auch immer sie legitimiert gewesen sein mag, durch eine beratende Instanz kontrolliert, einen Rat der Alten etwa, den Adel oder eine Volksversammlung, zu der Vertreter aller Stände gehört haben könnten. Manche Experten glauben, daß die großen Höfe, die sich außerhalb der Paläste an die Komplexe anschlossen, genau dem Zweck dienten, solche Ratsversammlungen abzuhalten. Hier hatte das Volk Gelegenheit, die Herrscher zu sehen, wenn sie mit ihrem Gefolge das Hauptportal des Palastes verließen und den gepflasterten Prozessionsweg entlang zum Versammlungsplatz schritten.

Die Fürsten könnten auch bewußt die Heiterkeit in der Kunst ihrer Untertanen gefördert haben. Einer

Wie auf einigen der schönsten Kunstobjekte, die wir aus dem alten Kreta und Griechenland besitzen, sind an der Unterseite dieses steinernen Tritonshorns aus Mallia eingravierte Fabelwesen zu sehen. Manche Archäologen glauben, daß diese Figuren der ägyptischen Nilpferdgöttin Tawaret verwandte Gottheiten darstellen könnten. Die ganze Oberfläche ist mit in Relief gearbeiteten mondsichelförmigen Mustern bedeckt, die das nachgebildete Gehäuse echt erscheinen lassen.

Als große Liebhaber der Natur gaben die minoischen Künstler ihre Welt auf den verschiedensten Objekten wieder, wie diese kleine Werkauswahl beweist: ein Wandgemälde aus dem Haus der Fresken in Knossos, das einen blauen Vogel zwischen blühenden Pflanzen zeigt (links); aus Zakros ein Schmetterling, geschnitzt aus importiertem Elfenbein, das durch Feuereinwirkung grau geworden ist (oben); und aus Phaistos ein Keramikkrug, bedeckt mit einem Grasmuster.

Theorie zufolge, die insbesondere unter jüngeren Archäologen mehr und mehr Anhänger gewinnt, wurden die idyllischen ländlichen und maritimen Szenen auf Fresken und anderen Werken einzig und allein zu dem Zweck gemalt, dem Betrachter vor Augen zu führen, welch einer einträchtigen, zufriedenen Gesellschaft er angehörte; sie dienten mit anderen Worten der Propaganda – der Vermittlung der Botschaft, daß die Herrschenden die Wohltäter ihrer Untertanen waren.

Hinter der scheinbaren Einheitlichkeit der religiösen Vorstellungen in der minoischen Gesellschaft könnten sich Widersprüche verbergen. Die Göttin der Fruchtbarkeit und der Erneuerung des Lebens wird zwar zumeist als die höchste Gottheit der Minoer gedeutet, könnte aber ebensogut ihre einzige gewesen sein, während die anderen Gestalten lediglich Personifikationen ihrer verschiedenen Attribute darstellten. Es gibt wenig, was für die Existenz eines männlichen Gottes spricht, wenngleich bestimmte griechische Mythen, wie der des Zeus Kretagenes oder des Dionysos, auf den Tod und die Wiedergeburt eines jungen kretischen Vegetationsgottes zu verweisen scheinen. Eine Geschichte erzählt, wie Minos' Sohn Glaukos, der in einem Honigfaß ertrunken war (Honig verwendete man auf Kreta, um Leichen zu konservieren), mit Hilfe eines Wunderkrautes, das eine Schlange den trauernden Hinterbliebenen zeigte, wieder zum Leben erweckt wurde.

Manchen griechischen Mythen zufolge war Kreta der Geburtsort des Zeus. So soll die Erdgöttin Gaia ihre hochschwangere Tochter Rheia nach Kreta gebracht haben, um Zeus vor seinem gefräßigen Vater Kronos zu retten. Seitdem ihm geweissagt worden war, daß einer seiner Söhne ihn entmachten würde, pflegte dieser nämlich seine Sprößlinge sofort nach der Geburt zu verspeisen. Als Zeus herangewachsen war, besiegte er Kronos und zwang ihn, die verschlungenen Kinder wieder auszuspeien. Natürlich verlassen sich Archäologen lieber auf konkreteres Material, etwa die exquisiten Fayencestatuetten aus Knossos, die die Göttin mit Schlangen in den Händen und in typischer spätminoischer Tracht zeigen, mit schwerem gerüschtem Rock, Schürze und tailliertem, enganliegendem Oberteil, das ihre vollen Brüste unbedeckt läßt. Diese Figur, in der Regel als Göttin gedeutet, erscheint bisweilen auch in Darstellungen religiöser Zeremonien, wo sie offenbar als Priesterin fungiert.

Auf Kreta hat man bisher zwar keine Tempel, wohl aber mehrere kleinere, ummauerte Kultstätten gefunden, ähnlich der, die die Sakellarakis bei Anemospilia entdeckten. Und da im Mittelpunkt der minoischen Religion eine Fruchtbarkeitsgöttin stand, ist es logisch, daß ein Großteil der ihr geltenden Rituale in der freien Natur stattfanden, unter besonderen Bäumen, in bestimmten Hainen oder Höhlen oder auf den Gipfeln heiliger Berge. Ein Fresko – eines der vielen minoischen Kunstobjekte, die diese Rituale darstellen – wurde von seinen Entdeckern

KULTSTÄTTEN UNTER FREIEM HIMMEL

In den Augen der Minoer war die ganze Natur von Geist durchdrungen – und diese Anschauung führte dazu, daß sie zahlreiche Stätten ihrer Insel zu Heiligtümern erkoren, an denen sie die Götter ihres Pantheons verehrten und ihnen Opfer brachten. Höhlen beispielsweise waren wie geschaffen, um mit verschiedenen Gottheiten und den Mächten der Finsternis Kontakt aufzunehmen. Rund 30 Felsnischen hat man bisher auf Kreta gefunden, in deren feuchten, unbewohnbaren Tiefen zahllose tönerne Votivgegenstände lagen, und mehrere größere Grotten enthielten goldene Doppeläxte, Bronzefigurinen und die Überreste von Tieropfern.

Viele einsam gelegene Berggipfel, fernab vom Trubel der Paläste und Dörfer, sind buchstäblich übersät mit Votivgaben aus Terrakotta. Abgesehen von einigen wenigen Darstellungen von Menschen in anbetender Haltung, handelt es sich dabei durchweg um kleine, primitive Tierfiguren, zumeist Rinder und Schafe. Tönerne Nachbildungen von Gliedmaßen lassen vermuten, daß auf solchen Gipfeln unter anderem auch eine heilende Gottheit verehrt wurde. Wie es scheint, haben die Minoer an diesen himmelnahen Kultstätten – vermutlich bei Einbruch der Dunkelheit – große Feuer entfacht und ihre Opfergaben in die Flammen geworfen.

Nach Darstellungen auf manchen Fresken, Schmuckstücken und anderen Kunstobjekten zu urteilen, schufen die Minoer solche heiligen Bezirke auch in der Ebene, und zwar namentlich dort, wo für sie so wichtige und kostbare Bäume wie Ölbaum und Feige wuchsen.

Diese schon in der „Odyssee" erwähnte und nach Eileithyia, der Beschützerin der Gebärenden, benannte Höhle war vom Neolithikum bis in römische Zeit das Ziel der Gläubigen, wie darin aufgefundene Keramikscherben belegen. Wie das Photo zeigt, enthält sie Stalagmiten, die als wundersam entstandene Abbilder der Muttergöttin und ihres Kindes gegolten haben könnten.

In einem Grab bei Archanes fand man diesen goldenen Siegelring, der vermutlich aus der Zeit der mykenischen Besetzung Kretas stammt und die wichtige Rolle der Bäume im Kult der Minoer belegt. Über den Köpfen einer Göttin oder Priesterin und zweier offenbar verzückter Männer sieht man wirbelnde Blätter.

Diese Votivbronze – sie stellt einen Gläubigen in traditioneller Anbetungshaltung dar – ist insofern ungewöhnlich, als sie anstelle der typischen schlanken Jünglingsgestalten der minoischen Kunst einen untersetzten Mann zeigt.

Die Flachreliefszene auf dem 30 Zentimeter hohen Rhyton aus dem Palast von Zakros – sie überzieht die ganze Oberfläche des einst mit Blattgold überzogenen Steingefäßes – zeigt einen aus einer kargen, felsigen Landschaft aufragenden Berg, auf dessen Gipfel ein ummauerter dreifacher Schrein mit mehreren Altären für unterschiedliche Zeremonien steht. Auf dem Dach ruhende Wildziegen und fliegende Vögel vervollständigen das Bild. Der Ausschnitt zeigt eine Ziege an einem Steilhang.

Der heilige Hain betitelt: Es zeigt ein Wäldchen von Ölbäumen, in dem Männer mit tanzenden Frauen ein religiöses Fest feiern.

Die Betonung des weiblichen Elements in der Religion läßt darauf schließen, daß Frauen bei kultischen Handlungen eine wesentliche Rolle spielten. Dies geht auch aus der Kunst mit ihren zahlreichen Darstellungen von Priesterinnen hervor. Die meisten heutigen Archäologen glauben sogar, daß der steinerne Sitz im sogenannten Thronsaal von Knossos nicht, wie Evans meinte, der Thron des Minos war, sondern der einer Priesterkönigin. Diese Ansicht stützt sich auf die Tatsache, daß der Saal wie ein zentraler Kultraum aussieht. Nach Überzeugung mancher Fachleute war Kreta insgesamt ein theokratisches Reich und wurde von Priesterinnen regiert, deren Fähigkeit, im Namen des Göttlichen zu sprechen, sie zur Lenkung der Staatsgeschäfte ermächtigte.

So weit mag ein anderer Forscher nicht gehen, der bei der herkömmlichen Auffassung bleibt, daß das minoische Kreta von Königen regiert wurde, aber immerhin einräumt, daß „die Nachfolge auf den Thron durch Heirat mit der Tochter des Königs in weiblicher Linie erfolgte". Auch in anderer Hinsicht könnte die minoische Gesellschaft matrilinear gewesen sein; denkbar wäre zum Beispiel, daß die Kinder den Namen der Mutter trugen und nur weibliche Nachkommen erben konnten. (Solche Sitten entstehen in primitiven Gesellschaften, in denen die Menschen außerstande sind, zwischen einem Neugeborenen und seinem Vater eine direkte Verbindung zu erkennen.) Diese Überlegung stützt sich auf die Tatsache, daß derlei matrilineare Bräuche bei den Karern und Lykiern, zwei Völkern in Kleinasien, die der Sage nach von den Minoern abstammten, noch im 4. Jahrhundert v. Chr. lebendig gewesen sein sollen.

Nach den Darstellungen auf den Fresken zu schließen, wurden Frauen in der minoischen Gesellschaft respektiert und führten

ein heiteres, relativ freies Leben. Sie nahmen aktiv an den zeremoniellen Stierspielen teil – was allerdings ein fragwürdiges Privileg gewesen sein mag *(S. 91–93)*. Wie das sogenannte Haupttribünenfresko zeigt, waren sie zugleich im Publikum zahlreich vertreten, wo sie gesonderte Ehrenplätze einnahmen oder zwanglos zwischen den Männern saßen.

Die Damen des minoischen Hofes verwendeten viel Sorgfalt auf ihr Aussehen; zur Verschönerung benutzten sie bronzene Handspiegel, Holz- und Elfenbeinkämme, Schmuckkästchen und allerlei kosmetische Präparate, die die Röte ihrer Lippen oder die Blässe ihrer Wangen betonten. Die charakteristische weibliche Tracht war der lange gerüschte Rock mit dem brustfreien Oberteil. Diese Kleider waren mannigfaltig verziert; bevorzugte Motive waren geometrische Muster sowie kunstvolle – möglicherweise, wie in Ägypten, gestickte – Tierdarstellungen. In spätminoischer Zeit trugen die Frauen lange Röcke mit V-Linie, die offenbar in der Mitte geteilt sein konnte. Neben Wolle als Standardmaterial hat man zweifellos Leinen, das man vielleicht aus Ägypten bezog, zu Kleidung verarbeitet. Mineralische und pflanzliche Farbstoffe gab es in großer Menge und Vielfalt. Safran wurde höchstwahrscheinlich sowohl zur Herstellung eines gelben Farbstoffs als auch als Gewürz angebaut. Ein zauberhaftes Wandgemälde aus dem Knossos des 17. vorchristlichen Jahrhunderts zeigt ein zahmes Äffchen, das Safranblüten ausrupft. Die verführerisch gekleideten Frauen waren in der Regel kunstvoll frisiert; oft trugen sie das Haar hoch aufgesteckt und mit Bändern, Diademen, Haarnetzen und Schmucknadeln zusammengehalten, wobei sich eine lange Locke vor dem Ohr ringelte (wie bei manchen Männern übrigens auch).

Ein Leben in Schönheit und Muße hatte seinen Preis, und die privilegierten Minoer verfügten offensichtlich über die nötigen Mittel, um ihn zu bezahlen. Ihren Bedarf an Getreide und Fleisch, Öl und Wein, Holz

Aus den Ruinen einer Villa geborgen wurde die schön skulptierte „Schnittervase" aus Steatit – hier zwei verschiedene Ansichten. Sie zeigt einen festlichen Umzug von Bauern, die offenbar auf die Felder ziehen oder von dort zurückkommen. Einige der zu Paaren geordneten 27 Männer tragen Dreschstangen und scheinen zu singen; einer spielt Sistrum, ein ägyptisches Musikinstrument (gegenüber). Der Anführer der Gruppe, der möglicherweise als Prieser fungiert, trägt ein fransenbesetztes Gewand mit einem Schuppenmuster, das seinen Status anzeigt (unten). Das ganze, detailreiche Flachrelief zieht sich um einen nur 7,5 Zentimeter hohen Streifen der Vase.

als Brennmaterial und Kleidung konnten die Kreter im eigenen Lande decken. Eichen- und Pinienwälder gibt es nicht mehr, aber noch im 17. Jahrhundert galt die Insel, die seit dem Mittelalter (und bis vor knapp 100 Jahren) Candia genannt wurde, als ein Garten Eden. Über die Gegend um Chania, im westlichen Teil Kretas, schrieb der schottische Reisende William Lithgow im Jahre 1609: „Was Schönheit, Annehmlichkeit und Fruchtbarkeit anbelangt, könnte sie leicht als der Garten des ganzen Weltalls bezeichnet werden, ist sie doch das lieblichste Fleckchen, der Diamantfunken und der Honigtopf von ganz Candia." Doch dem Land fehlten zwei für eine große bronzezeitliche Zivilisation unerläßliche Dinge: die beiden Metalle Zinn und Kupfer.

Woher die Minoer Kupfer und Zinn für ihre Metallgießer und Schmiede bezogen, ist ein ungelöstes archäologisches Rätsel. Bekannt ist, daß in der Ägäis, auf Zypern und in Afghanistan Kupfer abgebaut wurde; darüber hinaus sind als mögliche Gewinnungsstätten die zentraleuropäischen Gebirge, die Türkei und vielleicht sogar die Hügel von Cornwall im Gespräch. Edelmetalle mußten gleichfalls importiert werden. Gold und Silber führte man aus Ägypten, den Ägäischen Inseln, dem südöstlichen Attika oder Westanatolien ein. Die Kykladeninsel Melos lieferte den schwarzen Obsidian, aus dem Vasen und teilweise Siegel entstanden. Aus der südlichen Peloponnes kamen schöne Gesteinsarten, aus denen Schalen und ebenfalls Siegel hergestellt wurden, während der zu deren Bearbeitung nötige Schmirgel aus Naxos stammte. Elfenbein für Siegel, Kämme, Amulette und kleine Kästchen gelangte wahrscheinlich von Syrien aus nach Kreta. Straußeneier, aus denen die Minoer Trankopfergefäße anfertigten, könnten aus Nordwestafrika oder Ägypten eingeführt worden sein. Das Nilreich belieferte die Kreter außerdem mit Alabaster und fertigen Schmuckstücken, wie Ska-

Diese kleinen Fayenceplättchen, die ursprünglich ein Holzkästchen geschmückt haben könnten, vermitteln mit ihrer Darstellung von minoischen Wohnhäusern einen guten Eindruck vom Architekturstil des alten Kreta. Die Flachdachbauten sind zwei- oder dreigeschossig. Zweiflügelige Türen und Fenster mit Mittelpfosten zieren Fassaden aus Stein und Fachwerk.

rabäus-Anhängern; von dort könnten auch die auf Fresken dargestellten Äffchen und Katzen importiert worden sein. Figurinen und fertige Siegel kamen sogar vom fernen Mesopotamien.

All diese Güter wurden zweifellos gegen kretische Produkte eingetauscht. Bemalte Keramik, Schmuck, Bronzedolche und Edelmetallgefäße minoischer Provenienz sind im ganzen östlichen Mittelmeerraum gefunden worden. Besonders geschätzt war die Kamares-Ware aus der Palasttöpferei von Phaistos, von der man 1890 einen reichen Schatz in der gleichnamigen Kulthöhle am Südhang des Ida-Gebirges gefunden hat. Die schwarzgrundigen Keramikvasen sind weiß, gelb und rot bemalt, häufig mit Spiralmotiven, stilisierten Blüten, Oktopoden und anderen Formen. Durch Verwendung sehr reinen Tons gelang es, Gefäße zu schaffen, die zum Teil so dünnwandig wie Porzellantassen waren.

Das Gros der Exporte machten allerdings wahrscheinlich eher Dinge des täglichen Bedarfs aus, wie Nahrungsmittel, Textilien und Holz, die zum Palast gebracht und dort bis zur Verschiffung gelagert wurden. Olivenöl könnte eines der wichtigsten kretischen Erzeugnisse gewesen sein; in Knossos fand Evans in einem ehemaligen Magazin rie-

Selten sind dreidimensionale Darstellungen von minoischen Villen, wie sie dieses 23,50 Zentimeter hohe Terrakotta-Modell gewährt. Im Inneren führt eine Treppe hinauf zum Obergeschoß. Säulen tragen das Flachdach, und der Balkon ruht auf runden Balken.

sige Ölkrüge, die ein Fassungsvermögen von insgesamt 230 000 Litern hatten. Andere begehrte kretische Produkte waren Duftessenzen und Arzneien aus Salbei, Minze, Sellerie und anderen Pflanzen.

Die Minoer unterhielten eine starke Handelsflotte. Von der Frühpalastzeit an stand Kreta mit dem gesamten östlichen Mittelmeerraum in Kontakt. Die ersten Schiffe hatten wahrscheinlich kein Ruder und, wenn überhaupt, nur einen Mast. Solange es nur wenige künstliche Häfen gab, hatte man kleine Schiffe, die an Land gezogen oder im seichten Wasser vertäut werden konnten. Darstellungen auf Siegeln beziehungsweise Siegelabdrücken aus der Spätpalastzeit dagegen zeigen, daß mittlerweile Schiffe von bis zu 30 Meter Länge gebaut wurden, die mit 50köpfigen Besatzungen und mehreren Segeln, Rudern, Decks, Gangways, Kajüten und Rammspornen in See stachen. Rings um die Insel erbaute Hafenanlagen boten nun auch Schiffen mit großem Tiefgang Schutz vor Stürmen. Inzwischen verfügte Kreta wahrscheinlich auch über feste Handelsniederlassungen im Ausland.

Besonders enge Beziehungen scheinen zwischen Kreta und Ägypten bestanden zu haben. Die Ägypter hinterließen zahlreiche Zeugnisse ihres offenbar herzlichen Umgangs mit dem Volk, das sie Keftiu nannten. Offizielle pharaonische Protokolle aus der Zeit um 1500 v. Chr. berichten, daß die Schiffe der Keftiu palästinisches Holz nach Ägypten transportierten. Ein etwa hundert Jahre älterer Papyrus erwähnt kretische Arzneien. Und eine Schultafel aus derselben Zeit führt unter anderem verschiedene kretische Ortsnamen auf. Das Grab des Rechmere, des Wesirs von Thutmosis III. (Regierungszeit 1504 bis 1450 v. Chr.), in Theben zeigt Fremde mit kostbaren Gegenständen. Sie sind in Hüfttücher gekleidet von der Art, wie sie auf kretischen Fresken zu sehen sind, und eine Inschrift erklärt, daß sie aus dem „Land der Keftiu und den Inseln inmitten des Großen Grünen Meeres" kommen. Ähnliche Darstellungen sind noch aus fünf weiteren Gräbern bekannt.

Für Thukydides, den griechischen Geschichtsschreiber des 5. Jahrhunderts v. Chr., galt es als historisch erwiesen, daß die Minoer die See beherrschten. „Minos", so schrieb er, „ist der erste, von dem wir durch Überlieferung wissen, daß er eine Flotte besaß." Heute fragt man sich, ob die Kreter ihre Vormachtstellung auf dem Meer lediglich dazu benutzten, um möglichst erfolgreich und risikolos Handel zu treiben, oder ob sie sie auch zu Eroberungen ausnutzten und ein minoisches Seereich schufen. Thukydides, der es für ein Naturgesetz hielt, daß der Mensch herrschen will, wo immer er kann, hegte keinen Zweifel daran, daß die Minoer eine expansionistische Politik betrieben hatten. Minos, so berichtete er, „gewann die Herrschaft über einen sehr großen Teil dessen,

Die bis heute intakte, gepflasterte Königsstraße von Knossos verband den Palast mit Arealen außerhalb des Komplexes, auf denen Festumzüge und Zeremonien veranstaltet wurden. Knossos blieb als einziger unter den minoischen Palästen unzerstört und wurde zuletzt wahrscheinlich von den Mykenern bewohnt, nachdem diese Kreta erobert hatten.

was jetzt das Hellenische Meer heißt, und wurde der erste Herr der Kykladen und machte die meisten der Inseln zu Kolonien, indem er die Karer vertrieb und seine eigenen Söhne als Statthalter einsetzte. Er bemühte sich auch, das Meer, so weit er nur konnte, von Piraten zu säubern, auf daß Abgaben reichlicher in seine Kasse flössen."

Als Archäologen der Frage nachgingen, ob sich die Minoer tatsächlich kolonisatorisch betätigt haben könnten, fanden sie auf einigen Inseln, darunter Kea, Melos und Thera, Gruppen von Häusern, die sich äußerlich zwar von den umstehenden Gebäuden nicht unterschieden, von der Inneneinrichtung her aber einen eindeutig kretischen Eindruck machten. Nach minoischen Töpferwaren oder Fragmenten von Wandgemälden zu schließen, waren sie außerdem auf Rhodos und Zypern vertreten. Diesen Erkenntnissen zufolge muß Kreta während der Spätpalastzeit starken Einfluß gehabt haben, da die Inselbewohner offenbar minoisches Gedanken- und Kulturgut übernahmen. Es ist durchaus möglich, daß Minoer sich auf den genannten Inseln niederließen, um den Handel mit Rohstoffen und Fertigprodukten zu erleichtern; in der Tat spricht vieles für die Existenz einer solchen Kolonie auf Kythera. Viele Archäologen glauben, daß die Kreter ein ganzes Netz von Handelskontoren auf „minoisierten" Inseln besaßen, mit dessen Hilfe sie die gesamte Ägäis kontrollierten.

Als wollten sie ihre fruchtbringende Beziehung zur See feiern, entwickelten die minoischen Vasenmaler um 1500 v. Chr. den sogenannten Meeresstil, indem sie ihre Keramikgefäße mit außerordentlich lebensechten Darstellungen von Oktopoden, Delphinen, Papierbooten, Schalentieren, Korallen und Schwämmen – alles vor naturalistischen Hintergründen aus Fels und Seetang – dekorierten. Als die Erträge des Außenhandels nach Kreta zurückflossen, schossen überall auf der Insel prunkvolle neue Herrenhäuser aus dem Boden. Doch diese Villen waren die letzten strahlenden Zuckungen einer Flamme, die schon bald verlöschen sollte. Binnen weniger als einem Jahrhundert brach das ganze kunstvolle Bauwerk der minoischen Kultur in sich zusammen. Um 1470 v. Chr. wurden mit Ausnahme von Knossos alle großen Paläste mitsamt den sie umgebenden Städten und sämtlichen Villen durch Feuer zerstört. Um dieselbe Zeit wurden die minoischen Handelsstationen und Siedlungen außerhalb Kretas verlassen oder geschleift.

Wie so vieles andere ist auch umstritten, was den Untergang der Minoer auslöste. Davon überzeugt, daß die minoische Macht über die Ägäis bis zuletzt ungebrochen blieb, glaubte Evans, Kreta sei durch eine Naturkatastrophe entscheidend geschwächt worden – durch ein Erdbeben, das Knossos verwüstete und fremden Siedler zugänglich machte. Seiner Ansicht, die sich auf Keramik-Serien in Knossos stützte, wurde erstmals in den dreißiger Jahren widersprochen: Nach Untersuchung des auf Kreta und dem griechischen Festland gesicherten Materials schlossen einige Archäologen, daß im letzten Jahrhundert vor dem Untergang Knossos' eine kriegerische Auseinandersetzung zwischen Minoern und Mykenern stattgefunden und mit der Eroberung Kretas geendet hatte.

Diese Erklärung wird inzwischen allgemein akzeptiert. Das archäologische Material zeigt, daß sich nach 1470 v. Chr. eine fremde Kultur auf Kreta festsetzte. Kriegergräber und große Waffendepots vermitteln einen Eindruck kalter militärischer Machtentfaltung, die Knossos damals beherrscht haben muß. Noch vielsagender ist die Tatsache, daß um dieselbe Zeit die minoische Schrift, Linear A, verschwand und durch Linear B ersetzt wurde, die Schrift, mit der man nachgewiesenermaßen eine Frühform des Griechischen festhielt.

Die postpalatiale oder Nachpalastzeit, von 1470 bis 1380 v. Chr., stand also im Zeichen der neuen mykenischen Herren von Kreta. Knossos, das 1470 teilweise geschleift worden war, wurde als einziger Palast wieder aufgebaut und diente den Mykenern vermutlich als Zentrum, von dem aus sie die Insel beherrschten. Das Leben im Palast ging weiter, und auch anderswo auf der Insel fand man Anzeichen einer etwa einhundertjährigen späten Nachblüte.

Wie die Mykener in Kreta konkret an die Macht kamen, ist noch immer umstritten. Sie könnten die Minoer besiegt und die Insel erobert haben. Vielleicht waren die Palastreiche auf Kreta bereits geschwächt und durch interne Kämpfe gespalten. Andererseits könnte die mykenische Machtübernahme durchaus auch auf friedlichem Wege erfolgt sein, da zwischen den zwei Kulturen seit langem enge wirtschaftliche Bande bestanden haben müssen – etwa durch Eheschließungen zwischen Mitgliedern der jeweiligen Herrscherfamilien.

Die mykenische Besetzung von Knossos war nur von kurzer Dauer. Um 1380 v. Chr. ging der Palast in Flammen auf. Auch in diesem Fall ist die genaue Ursache des Unglücks nicht bekannt: Ein weiteres Erdbeben, Bürgerkrieg oder der Einfall fremder Eroberer könnten dafür verantwortlich gewesen sein. Das einzige, was man mit Sicherheit sagen kann, ist, daß das Ende abrupt kam, ohne jede Vorwarnung, und zwar im Frühling oder Sommer. Aber diesmal sollte keine neue minoische Kultur wie ein Phönix aus der Asche steigen. Lediglich in Mythen und Sagen sollte die einstige Größe Kretas weiterleben.

PALÄSTE UND LABYRINTHE

Der mächtige König Minos, so heißt es in griechischen Sagen, regierte sein ausgedehntes Seereich von einem riesigen, prunkvollen Palast in Knossos aus. Die Ruinen dieses Bauwerks, im frühen 20. Jahrhundert von Sir Arthur Evans ausgegraben, sind erhalten und legen Zeugnis ab von der Macht der Minoer. Anders als die Paläste auf dem griechischen Festland dienten die auf Kreta nicht nur als fürstliche Residenzen, sondern waren zugleich auch Zentren der Religion, der Verwaltung, des Kunsthandwerks und des Handels. Knossos war ein Labyrinth von Werkstätten und Wirtschaftsräumen, randvoll gefüllten Magazinen, großzügigen öffentlichen Hallen und reichgeschmückten Kultstätten. Ein besonderer Thronsaal mit einem schön behauenen Gipsstuhl *(oben)* – den Evans, als er ihn 1900 ausgrub, als „den ältesten Thron Europas" bezeichnete – war einer Priesterin vorbehalten, die den Segen der Fruchtbarkeitsgöttin erflehte.

Mehr oder weniger denselben Grundriß wie Knossos wiesen auch Phaistos, Zakros und Mallia auf, die drei anderen Paläste, die bislang auf Kreta ausgegraben wurden. Das Zentrum bildete jeweils ein großer, offener Hof. Diesen umgaben, wie die Jahresringe eines Baumes, auf mehreren Stockwerken angeordnete Räume unterschiedlicher Größe. Ein Außenhof, der sich an die reichverzierte Westfront anschloß, bildete den Hintergrund bei öffentlichen Festumzügen und Zeremonien. Dieses Schema blieb fast 600 Jahre lang, solange es minoische Paläste gab, unverändert. Die ersten entstanden um 1900 v. Chr. Um das Jahr 1700 v. Chr., am Ende der sogenannten Zeit der älteren Paläste, fielen sie einer Katastrophe – möglicherweise einem Erdbeben mit anschließenden Bränden – zum Opfer. Die reichen und nicht zu entmutigenden Minoer bauten sie wieder auf, und zwar prächtiger als zuvor.

Eine Serie von weiteren Katastrophen, die abermals – möglicherweise infolge einer Invasion – von Bränden begleitet wurden, legte Phaistos, Zakros und Mallia ein zweites Mal in Schutt und Asche, womit, um 1470 v. Chr., die Zeit der neuen Paläste ihr Ende fand. Einzig Knossos blieb unzerstört und diente während der sogenannten Nachpalastzeit, die bis um 1380 v. Chr. andauerte, als Residenz einer mächtigen ausländischen Dynastie, die von dort aus wahrscheinlich den ganzen Rest der Insel beherrschte.

EIN ERHABENER KOMPLEX MIT GRANDIOSER AUSSICHT

Auf einem Hügelgrat an der Südküste Kretas gelegen, überblickt Phaistos die weite, fruchtbare Mesara-Ebene und das Meer. Der Grundriß gleicht dem aller minoischen Paläste: Räume verschiedener Größe gruppieren sich um einen säulengesäumten Zentralhof. An der Westseite liegt ein Hof, dessen zwei unterschiedlich hohe Teile durch

Phaistos, die zweitwichtigste Stadt und der drittgrößte Palast des minoischen Kreta, besitzt mit dem über 2000 Meter hohen Gebirgsmassiv des Ida im Norden das wohl eindrucksvollste Panorama der ganzen Insel. Unterhalb des Gipfels öffnet sich, vom Zentralhof des Palastes aus zu erkennen, die heilige Kamares-Höhle, nach der die exquisiten Tongefäße, die man zuerst dort, dann aber überall im Palast in großer Zahl fand, benannt wurden. Während der Zeit der älteren Paläste produzierten die Werkstätten große Mengen dieser leuchtend polychromen Keramik. Der schwungvolle Stil, der die minoische Terrakotta-Malerei auszeichnet, orientierte sich an den Formen der Natur, wie der wunderbare, blütenreiche Pokal aus Phaistos *(kleines Bild links)* beweist. Die technische Meisterschaft der Töpfer fand ihre Vollendung in einer Eierschalenkeramik, die dünnwandig genug war, um Metallvorbilder täuschend nachzuahmen – so etwa die anmutig geformte Trinkschale unten links.

Der verfeinerte Geschmack, der aus den in Phaistos aufgefundenen Objekten spricht, verrät eine wohlhabende, kultivierte höfische Gesellschaft, deren Mitglieder Räume bewohnten, die erlesene Eleganz mit einer hinreißenden Aussicht verbanden. War das die Sommerresidenz der Fürsten von Knossos? Oder regierten hier vielmehr Rivalen des Herrschers im Norden von Kreta? Alles, was sich anhand des archäologischen Materials mit einiger Sicherheit sagen läßt, ist, daß die Herren von Phaistos über gut gefüllte Magazine, prunkvolle Empfangshallen, Ritualkammern, weitläufige Tierpferche und zwei weite, im Zentrum und an der Westseite des Palastes gelegene Höfe geboten, auf denen wahrscheinlich öffentliche Zeremonien abgehalten wurden.

Der gut erhaltene Treppenaufgang (unten) an der monumentalen Westfassade von Phaistos bildete mit zwölf steinernen Stufen von 14 Meter Breite einen eindrucksvollen Zugang zum Palast. In die Stufen sind schlangenförmige Rinnen mit unbekannter Funktion gemeißelt, die sich über die ganze Treppen schlängeln.

EINE VERSCHÜTTETE WELT, DIE UNBERÜHRT ZUM VORSCHEIN KAM

An der äußersten Ostspitze von Kreta gelegen, war Zakros ganz auf die See und den einträglichen Handel mit Syrien und Ägypten ausgerichtet. Neben eleganten Wohntrakten gehörten zum Palast Werkstätten, in denen Keramikware im sogenannten Meeresstil produziert wurde.

Zakros ist der bisher letzte große Palast, der auf Kreta ausgegraben wurde. Seine Entdeckung in den fünfziger Jahren ist einem Bauern zu verdanken, der einen lebensrettenden chirurgischen Eingriff statt mit Geld mit drei Objekten bezahlte, die er auf einem Feld bei Kato Zakros in der Erde gefunden hatte. Jedes von ihnen war, wie der Stierkopfanhänger auf dem kleinen Photo unten links, ein Kunstwerk aus reinem Gold. Die Nachricht von diesem Schatz erreichte den britischen Archäologen Nicholas Platon, der den Palast im Jahre 1962 entdeckte.

Die Ausgrabung ergab ein ungewöhnlich detailliertes Bild vom täglichen Leben der Minoer. Alle Objekte lagen noch an der Stelle, an der ihre Besitzer sie auf der Flucht vor der Katastrophe von 1470 v. Chr. zurückgelassen hatten. Schöne, im typischen Meeresstil der Frühpalastzeit verzierte Keramikgefäße bezeugten das herausragende Können der Hofhandwerker. Naturgetreu gemalte Fische, Kopffüßer und Schalentiere wie auf dem Gefäß links bewiesen zugleich die künstlerische Modernität der Minoer und deren Kenntnis der Meeresfauna.

Tatsächlich beherrschte das Meer das ganze Leben in Zakros, einem Palast, der Reichtum und Macht seinem geschäftigen Hafen verdankte. Abgesandte aus fernen Ländern überbrachten Geschenke und Botschaften. In den Magazinen stapelten sich Waren aus dem In- und Ausland, über die Schreiber sorgfältig Buch führten. Die Palasthandwerker wie Weber, Töpfer, Bildhauer und Bildschnitzer sowie Kunstschmiede erzeugten hochwertige Waren für einen florierenden Handel, der minoische Erzeugnisse bis nach Ägypten trug.

Laut Evans nahmen die Minoer in Becken wie dem unten nicht regelmäßige Reinigungsbäder, sondern rituelle Waschungen vor. Die Tatsache, daß die Steinamphore rechts, ein Gefäßtypus, den man bis dahin nur aus Darstellungen von Ritualen kannte, zerschlagen im Bassin von Zakros fand, scheint für die Theorie von Evans zu sprechen.

EIN REICHER HORT AM HOFE EINER LÄNDLICHEN RESIDENZ

In einer fruchtbaren Küstenebene am Fuße des Berges Dikte gelegen, beherrschte der Palast von Mallia die ganze abwechslungs- und ertragreiche Region seines Umlands. Verglichen mit Knossos und Phaistos hatte der Palast weit günstigere Voraussetzungen zur Expansion und wurde zum Zentrum einer weitläufigen städtischen Ansiedlung.

Mallia ist etwa so groß wie der königliche Gebäudekomplex von Phaistos, mit dem es zwei weitere Merkmale gemeinsam hat: Es ist aus dem an Ort und Stelle vorkommenden Stein gebaut, und ihm fehlen die Wandmalereien und architektonischen Verzierungen, die für Knossos so typisch sind. Was seinen Grundriß und die Anordnung seiner Räume angeht, gleicht Mallia – mit Zentralhof, Außenhof, Kultraum, großer Treppe, zahlreichen Magazinen und weitläufigen Wohntrakten – allerdings durchaus den anderen Palästen.

Dem Umland gemäß hatte Mallia einen ganz eigenen, rural-bäuerlichen Charakter. Die Grundlage seines Reichtums war die Fruchtbarkeit der Felder und Haine, deren Produkte in acht großen, runden steinernen Kornspeichern und zahlreichen Magazinen voller riesiger Öl- und Getreidekrüge gelagert wurden.

Der Palast selbst barg noch weit kostbarere Schätze. In einem Alkoven hinter einer schmalen Treppe stießen die Archäologen auf einen Hort von kunstvollen Zeremonialwaffen; zu ihnen gehörten ein Bronzedolch mit graviertem, vergoldetem Griff, ein Bronzeschwert mit einem Griff aus Bergkristall und Gold sowie, in einem Tonkrug verwahrt, die rechts abgebildete steinerne Streitaxt in Gestalt eines Leoparden. Mit diesen Symbolen ständischer und religiöser Würde dürfte sich sicherlich einst eine erlauchte Persönlichkeit geschmückt haben, ein Herrscher vielleicht, der die weltliche und geistliche Macht in sich vereinte und somit befähigt war, die königlichen Residenz zu leiten, die zugleich Palast und Tempel war.

Die Kornspeicher mit einem Durchmesser von 4,50 Metern waren ursprünglich innen verputzt. Einer Theorie zufolge soll es sich bei diesen steinernen Kammern um Wasserzisternen gehandelt haben, doch dagegen spricht sowohl ihre oberirdische Lage als auch ihre Ähnlichkeit mit ägyptischen Getreidesilos.

Als einziger unter den großen Palästen der Insel Kreta läßt Mallia den ursprünglichen Grundriß praktisch unverändert erkennen. Die küstennahe Stadt lag an der Straße von Knossos nach Ostkreta und war ein wichtiger Knotenpunkt des Handels. Riesige Pithoi lassen ahnen, welche unermeßlichen Reichtümer im Palast gelagert wurden.

Dieser Leopard aus Schiefer bildete die Klinge der Zeremonialaxt eines Palastbeamten. Da die nächste Region, in der Großkatzen vorkamen, Syrien war, belegt diese Prunkwaffe Mallias weitreichende wirtschaftliche und kulturelle Kontakte.

EIN BLEIBENDES ZEUGNIS DER GRÖSSE IM HERZLAND DER MACHT

Der Palast von Knossos, das Zentrum einer Großstadt mit vielleicht 80 000 Einwohnern und das schönste Beispiel der kretischen Architektur, erstreckte sich über ein Areal von fast 2,5 Hektar; damit übertraf er Phaistos und Mallia um das Doppelte, Zakros um das Dreifache. Seine Räume beherbergten unzählige Menschen verschiedenster Berufe. Wie die „Kulthörner" *(unten rechts)* anzeigen, war er zugleich Zentrum der kretischen Religion. Diese – wie man vermutet – stilisierten Stierhörner stehen, von Evans restauriert, vor dem südlichen Torbau, durch das feierliche Prozessionen den Palastkomplex betraten oder verließen.

Über all die Pracht gebot der mächtigste Fürst dieser reichen Insel, der den alten Mythen zufolge einer der mächtigsten Herrscher des gesamten ägäischen Raumes war. Der mythische Gründer des Palastes und Kretas berühmtester Monarch, Minos, war nach griechischem Glauben ein Sohn des höchsten Gottes Zeus. In seiner Glanzperiode während der Früh- und Spätpalastzeit war Knossos eines so erhabenen Ahnherrn durchaus würdig. In Architektur, Dekor und Einrichtung brachte der Palast die künstlerische Brillanz einer reichen, hochentwickelten Kultur zum Ausdruck. In der Nachpalastzeit, nachdem der Palast zum zweitenmal aus Trümmern wiedererstanden war, kam in Fresken und Artefakten eine neue, fremde Sensibilität dazu. Das rechts abgebildete Gefäß beispielsweise zeigt die traditionelle minoische Doppelaxt, offenbart aber eine Neigung zur Stilisierung, die eine größere Affinität zur Kunst des mykenischen Festlands aufweist als zum kraftvollen Naturalismus, der lange der typische Ausdruck des kretischen Geistes gewesen war. Aufgrund dieses abrupten Stilwechsels sowie der Tatsache, daß die Palastdokumente fortan in Linear B, dem Schriftsystem der Mykener, abgefaßt wurden, gilt als gesichert, daß Knossos in den letzten Jahrzehnten von Festlandsgriechen beherrscht wurde.

Dieser zwischen beschrifteten Tontafeln aufgefundene Siegelabdruck stellt anscheinend einen minoischen Würdenträger dar. Unterschiedliche Symbole aufweisende Siegel wurden überall auf Kreta für administrative Zwecke verwendet.

Der Juktas, in dessen Umrissen die Kreter früher Zeus' Profil zu erkennen glaubten, wacht über die weitläufige Anlage von Knossos. Spätestens seit neolithischer Zeit besiedelt, bot das breite Tal den Minoern fruchtbares Ackerland, reichlich Wasser, einen leichten Zugang zur günstigsten Bucht auf der ägäischen Seite der Insel und die Kontrolle über die Straße, die nach Phaistos und zur Südküste führte.

EIN KONTROVERSER RÜCKBLICK AUF EINE SAGENHAFTE EPOCHE

In dem Bestreben, die geheimnisvolle Kultur, die er in Knossos entdeckt hatte, bis ins letzte zu begreifen, grub Evans den Palast nicht nur aus, sondern ließ – was ihm spätere Archäologen als fehlgeleiteten Perfektionismus und Anmaßung vorwarfen – Teile nach seinen eigenen Vorstellungen von der minoischen Welt wieder aufbauen. Auch seine Rekonstruktion des Lilienprinzen, des rechts abgebildeten Relieffreskos, ist, wie man heute weiß, nicht richtig. Auch wenn der muskulöse Körperbau einen männlichen Eindruck macht, verrät die ursprüngliche weiße Hautfarbe der Gestalt, daß es sich dabei um eine Frau handeln muß. Immerhin räumen manche Forscher ein, daß die freigelegten Ruinen ohne Evans' Wiederaufbau stark gelitten hätten und daß seine „Rekonstitutionen", auch wenn sie teilweise inkorrekt waren, insgesamt ein nützliches und erstaunlich exaktes Bild vom eleganten, dynamischen Leben im großen Palast entwerfen. Das politische, kulturelle und religiöse Leben der „Stadt der Könige" muß sich tatsächlich in Räumen abgespielt haben, die so eindrucksvoll und so reich geschmückt waren, wie Evans sie sich ausmalte.

Diese breite Treppe verband den Zentralhof mit dem Wohntrakt. Die flachen Stufen aus Gips führen über fünf Absätze um einen geschlossenen Lichtschacht. Die drei unteren Treppenzüge und ein Teil des vierten waren zur Zeit der Ausgrabung noch intakt; der vierte wurde aus den Originalblöcken wiederhergestellt. Die ungewöhnlichen, sich nach unten verjüngenden Säulen ließ Evans nach entsprechenden Vorbildern auf Fresken errichten.

Evans nannte dieses prächtige Gemach, das ein eigenes Badezimmer und eine Privattreppe zum Obergeschoß besitzt, das „Megaron (Wohnzimmer) der Königin". Das berühmte Delphinfresko ließ er in großen Teilen rekonstruieren – was manche Experten mit einem skeptischen Stirnrunzeln zur Kenntnis nahmen.

An Türpfosten wie diesem nahe der Haupttreppe, so schloß Evans, bewachten Soldaten die Zugänge zu den königlichen Gemächern. Ein rekonstruiertes Fresko mit einer Reihe von Schilden verleiht dem Raum einen martialischen Anstrich.

DIE HEIMAT DER HELDEN

Ein Gedanke wollte und wollte Professor Carl Blegen von der University of Cincinnati, einem der namhaftesten Experten auf dem Gebiet des prähistorischen Griechenlands, seit Jahren nicht aus dem Kopf gehen. Es ging um den Schiffskatalog in der *Ilias*, in dem eine Liste von mehr als 30 Herrschern unabhängiger mykenischer Königreiche nachzulesen ist, die am Trojanischen Krieg teilnahmen. Bis zum Jahre 1939 hatte man jedoch nur zwei der Paläste in den Zentren dieser Reiche gefunden – Agamemnons Mykene und den Palast des Diomedes in Tiryns. Beide waren von Heinrich Schliemann ausgegraben worden, während die Archäologen im Theben des Königs Ödipus, das unter der modernen Stadt Thivai gegraben lag, nur einige Sondierungsgrabungen vorgenommen hatten. Die Suche nach den Palästen des Achilleus, Menelaos, Odysseus und anderer großer Heroen des Trojafeldzugs, die vermutlich ebenfalls exitstierten, hatte keine nennenswerten Ergebnisse erbracht.

Der Palast Nestors, des Königs von Pylos, der die zweitgrößte Flotte gegen Troja aufgestellt hatte, lag aller Wahrscheinlichkeit nach an Westküste der Peloponnes. Über den genauen Ort allerdings gab es seit der Klassik Kontroversen, denn an eben jener Westküste existierten drei Städte, die den Namen Pylos trugen.

Blegen glaubte zu wissen, daß Nestors Pylos im Süden in der Bucht von Navarino zu finden sein müßte. Nördlich der Bucht hatte man bereits Kuppel- oder Tholosgräber entdeckt, unterirdische Bauten von der Form eines Bienenstocks, in denen in der Regel Fürsten oder

Die Mykener ließen sich mit Zeichen ihres Ranges und ihres Wohlstandes zu Grabe tragen. Solche Symbole waren das Zeremonialschwert, von dem der goldbeschlagene Griff übriggeblieben ist, und der Dolch mit Klinge, die Einlegearbeiten zieren.

hohe Adlige bestattet wurden. Diese Gräber ließen vermuten, daß sich in der Nähe eine Burg befunden haben mußte. Außerdem eignete sich die Bucht in idealer Weise als Ankerplatz für eine Flotte.

Von „Pylos' sandigen Fluren" hatte Homer gesprochen, doch niemand, nicht einmal der griechische Geschichtsschreiber Thukydides, hatte Angaben darüber machen können, wo Nestors weiträumiges, küstengesäumtes Reich lag. Dennoch war Blegen, der zwischen 1932 und 1938 ein Grabungsprojekt in Troja geleitet hatte, zuversichtlich, als er im Frühjahr 1939 die Hügel und Bergzüge sondierte, die sich von der Bucht ins Landesinnere erstreckten. Aus einer kurzen Liste alter Siedlungen wählte er Ano Englianos als die vielversprechendste Stätte aus. Ano Englanios war ein gut zu verteidigender Berg mit einer ausreichenden Wasserquelle in der Nähe. Aus der Erdschicht über der Kuppe ragte zudem ein harter Kalksteinbuckel hervor, der aussah, als sei in der Vergangenheit ein Feuer über ihn hinweggegangen.

Die steilen Hänge der Anhöhe endeten in rund 120 Meter Höhe über dem Meeresspiegel in einem kleinen Plateau. Damit war der Ort nicht annähernd so gebieterisch wie der Burgberg von Mykene oder die Akropolis von Athen, aber er bot einen ungehinderten Blick auf alle denkbaren Zugangswege. Die Entfernung zum Meer schützte den Ort vor Überfällen seefahrender Plünderer; andererseits lag die Küste nah genug, um den Einsatz einer Flotte zu befehligen, die vor den offenen Sandstränden im Westen oder im acht Kilometer entfernten, natürlichen Hafen der Bucht von Navarino vor Anker lag. Vieles sprach dafür, daß die Mykener der späten Bronzezeit hier eine große Burg errichtet haben könnten. Im Frühjahr wollte Blegen mit der Grabung beginnen.

Am Morgen des 4. April 1939 um halb acht verließen der Archäologe und sein Assistent, der damalige Student der American School of Classical Studies in Athen, William McDonald, ihr Quartier in Pylos und brachen nach Ano Englianos auf. Das Wetter schien ihnen einen Strich durch die Rechnung machen zu wollen. Ein kalter Wind fegte vom Meer her ins Inland, und dunkle Wolken lagen über den Höhen. Es sah nach Regen aus. Die Strecke, die sie zurückzulegen hatten, war zwar nicht weit, aber die Straße war kurvenreich und überaus holprig; sie führte durch menschenleere, ländliche Gebiete mit zerklüfteten Höhenzügen und tiefen Schluchten, Weingärten und alten Olivenhainen. Auf der einen Seite lag die See, auf der anderen eine Bergkette.

Vor Ort angekommen, steckte Blegen einen etwa 50 Meter langen und zwei Meter breiten Graben ab. McDonald beaufsichtigte die Arbeiter. Schon der erste Spatenstich stieß, keine 30 Zentimeter unter der Oberfläche, auf etwas Hartes. Mit wachsender Spannung sah Blegen zu. „Sieht aus wie Mauern eines großen Baus", notierte er. „Erde schwarzrot, verbrannt. Vereinzelte Scherben."

Die Bucht von Navarino mit der vorgelagerten Insel Sphakteria ist die größte geschützte Bucht des Mittelmeeres. In mykenischer Zeit war sie vermutlich der Hafen von Pylos. Der Archäologe Carl Blegen benannte den Regierungssitz von Pylos nach dem in Homers „Ilias" verewigten König und Helden des Trojanischen Krieges den Palast des Nestor.

Ein paar Stunden später konnten die Ausgräber das erste einer langen Reihe von historischen Fundstücken, die die Stätte enthielt, in Augenschein nehmen. Es war eine scheinbar wertlose, rundherum mit einer harten, weißen Kalkkruste überzogene Tonscherbe. Ehe irgend jemand ihn daran hindern konnte, nahm ein Arbeiter die Scherbe auf und wischte sie mit der Hand ab. Er hatte Glück, daß er die Inschrift nicht zerstörte, die so zum Vorschein kam. Kurz darauf tauchten weitere Tontäfelchen mit eingeritzten Symbolen auf, vollgesogen mit Feuchtigkeit und von kleinen Wurzeln so durchzogen, daß sie sich kaum von der Erde unterschieden, in der sie lagen.

Einige Jahre später veröffentlichte McDonald einen Bericht über die Entdeckung. Die Szene sei, so meinte er, „filmreif gewesen, und das ist eher selten in der archäologischen Forschung, in der es nur langsam, unspektakulär, unbequem und oft enttäuschend zugeht. Es war ein unwahrscheinliches Glück, daß der erste Graben durch die Ruinen eines kleinen Raumes führte, in dem sich Tontafelfragmente mit einer Schrift befanden, die auf den ersten Blick mit Evans ‚minoischem' Linear B identisch zu sein schien. So entdeckte Blegen, hier in Messenien, die erste bekannte Sammlung schriftlicher Dokumente des europäischen Kontinents." Und diese schriftlichen Dokumente sollten die bis dahin rätselhafte mykenische Kultur in einem völlig neuen Licht darstellen.

In den folgenden Wochen wurde der ursprüngliche Graben Stück für Stück verbreitert. Vorsichtig barg man zahlreiche weitere Schrifttäfelchen. Alles in allem wurden in dem Archiv über 600 Dokumente gefunden. Sie wurden einzeln an der Sonne getrocknet, photographiert, kopiert, numeriert, in Watte verpackt und in das Quartier der Archäologen in Pylos gebracht. Von dort unterrichtete Blegen in Telegrammen die Institutionen in Athen und Cincinnati.

Blegen ließ sieben weitere Gräben anlegen, um sich einen Eindruck von dem Ausmaß des Bauwerks zu verschaffen. Die Anlage aus Zimmern und Gängen, auf die er dabei stieß, ließ vermuten, daß unter der Erde ein außerordentlich weitläufiger Komplex, wenn nicht ein Palast begraben lag. Blegen erkannte schnell, daß die ganze Anlage bei einer Feuersbrunst untergegangen war. Und dieses Feuer, dessen Ausbruch Blegen anhand von Keramikfragmenten auf die Zeit um 1200 v. Chr. datierte, hatte die Tafeln gehärtet und die Schrift eingebrannt.

Mittlerweile waren andere Mitarbeiter Blegens etwa 800 Meter südlich der Hauptgrabungsstätte auf ein Kuppelgrab unter einem Stück Land gestoßen, auf dem die Einheimischen Korinthen trockneten. In ihm fanden Arbeiter zahlreiche Gegenstände aus Gold, Bronze, Stein, Elfenbein und Keramik, die Grabräuber übersehen hatten. Insgesamt wurden in der unmittelbaren Umgebung von Pylos fünf Königsgräber gefunden, eine Zahl, die nur von Mykene übertroffen wurde.

RÄTSELHAFTE TEXTE, UNBEKANNTE SPRACHEN UND MILITÄRISCHE DECHIFFRIERVERFAHREN

Ungezählte Sprachforscher und interessierte Laien haben sich an der Entzifferung ägäischer Schriftdokumente versucht, seit sie im 19. Jahrhundert entdeckt wurden. Besondere Erwähnung unter den Laien verdient Michael Ventris, ein britischer Architekt, dem es 1952 mit bemerkenswerter Logik und Intuition gelang, das Rätsel einer dieser Schriften zu lösen.

Als Junge hatten Ventris einen Vortrag des damals schon greisen Sir Arthur Evans gehört; seitdem ließen ihn die frühen ägäischen Kulturen nicht mehr los. Nach dem Zweiten Weltkrieg widmete er jede freie Stunde, die ihm sein Beruf ließ, der Aufgabe, Linear B zu entziffern, das schriftliche Erbe der Minoer. Ventris setzte sich mit Forschern in Verbindung, die dasselbe Ziel hatten. Aus den Jahren im Militär kannte er die Verfahren, die dort angewendet wurden, um einen Code zu knacken; oberstes Gebot dabei war, nach wiederkehrenden Kombinationen zu suchen. Ventris hielt Linear B für eine Silbenschrift: Jedes Zeichen gab einen Konsonanten plus einen Vokal, jede Zeichengruppe ein Wort wieder. In die Texte eingestreut waren zudem Ideogramme, die Handelswaren zeigten, zum Beispiel Pferde. Leicht zu erkennen waren außerdem numerische Zeichen in Form von Kreisen, Strichen und Punkten, die sich zu Zahlen addierten. Da neben den meisten Zahlen Wörter standen, ging Ventris davon aus, daß es sich um Substantive handelte. Mit den meisten anderen Forschern teilte Ventris zu Beginn die Auffassung, daß Linear B eine archaische ägäische Sprache wiedergab, die nichts mit dem Griechischen zu tun hatte. Doch dann kam ihm ein „ketzerischer Gedanke"; was, wenn „die Sprache . . . Griechisch" wäre?

Griechische Substantive enden auf einen Vokal, und die Vokale ändern sich mit dem Kasus, in dem das Substantiv gebraucht ist, also etwa als Subjekt oder Objekt. Es gelang Ventris, aus den Endsilben von Wörtern, die er für Substantive hielt, drei Vokale zu identifizieren. Aus dem Zusammenhang versuchte er dann zu bestimmen, ob die Substantive im Nominativ, Dativ oder Akkusativ gebraucht waren.

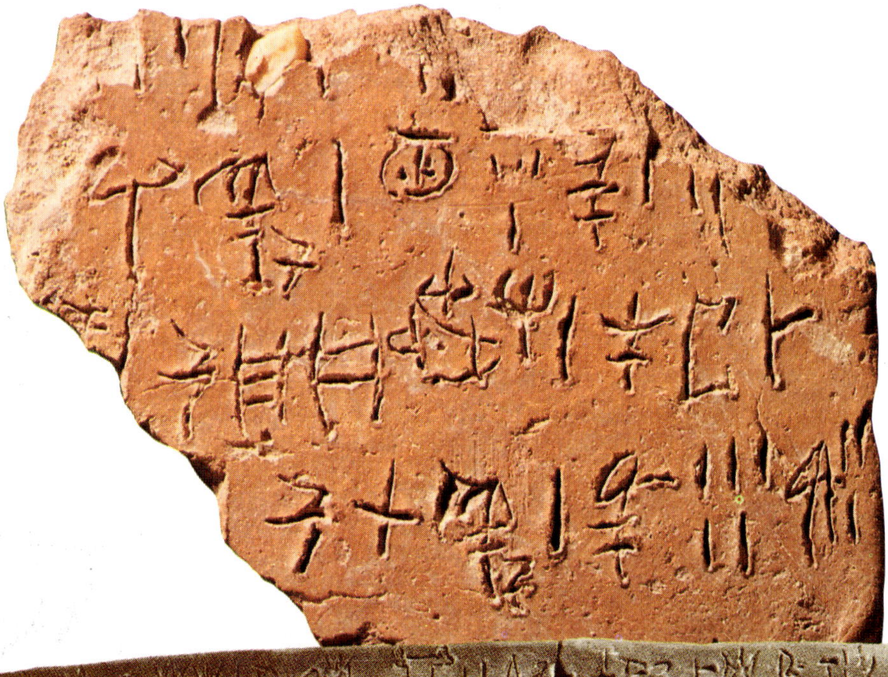

Anschließend trug Ventris Zeichen mit denselben Vokalen in die senkrechten, solche mit denselben Konsonanten in die waagerechten Spalten einer Tabelle ein. Soweit Ideogramme vorhanden waren, ordnete er dann den danebenstehenden Zeichen und Zeichenkombinationen griechische Silbeneinheiten zu. Als er die Vokale und Konsonanten in der Tabelle wieder und wieder neu gruppierte, stellte er fest, daß sich immer häufiger griechische Wörter ergaben.

Ventris gewann den Sprachwissenschaftler John Chadwick für seine Arbeit, mit dem er das große Werk vollendete. Wenige Wochen bevor es erschien, starb er 34jährig bei einem Verkehrsunfall.

Noch bevor die erste Grabungsperiode zu Ende ging, war Blegen überzeugt, daß er zumindest einen Teil des Rätsels, dessentwegen er gekommen war, gelöst hatte. In einem ersten Bericht konstatierte er: „Wir fühlen uns deshalb schon in dieser frühen Phase unserer Untersuchung zu behaupten berechtigt, daß der jetzt entdeckte Palast in Ano Englianos die Burg Königs Nestors ist, das Pylos der ‚sandigen Fluren‘, wie es bei Homer und in der Überlieferung heißt." Als die Grabungen im Mai 1939 eingestellt wurden, ließ Blegen die Gräben von den Arbeitern auffüllen, um das Land wieder den Bauern zu überlassen. Viele der geborgenen Objekte, darunter auch die Tontafeln, wurden in das Nationalmuseum von Athen gebracht, wo sie gesäubert und Bruchstücke zusammengesetzt werden sollten. Der Rest blieb in einem Lagerhaus in einem Dorf unweit der Fundstätte. Blegen kehrte nach Cincinnati zurück, um die nötigen Vorbereitungen für eine Folgegrabung zu treffen, die er im Frühjahr 1940 in Pylos vorzunehmen beabsichtigte. Wenige Monate später brach der Zweite Weltkrieg aus. Griechenland wurde besetzt, und die Deutschen richteten in der Villa von Sir Arthur Evans in Knossos ihr Hauptquartier auf Kreta ein. Der Kontakt zwischen Blegen und seinen griechischen Kollegen riß ab. Zum Glück hatte Blegen in Amerika zuvor noch einen kompletten Photosatz der Tontafeln erhalten, die er in Pylos gefunden hatte. Es kostete viel Zeit und Geduld, eine genaue Abschrift zu erstellen, und der Eintritt Blegens in den Militärdienst war der Sache auch nicht gerade förderlich. Doch noch mehr Geduld sollte erforderlich sein und noch mehr Jahre sollten vergehen, bis die Schrift entziffert und ihr Inhalt bekannt war.

Der Diskos von Phaistos (oben) könnte der älteste gedruckte Text der Welt sein. Jedes Zeichen wurde mit einem Siegel in den Ton gedrückt. Zu sehen sind Personen, Tiere, Pflanzen und Schiffe. Der 15,20 Zentimeter große und rund zwei Zentimeter dicke Diskos entstand vor dem Jahre 1600 v. Chr., und zwar vermutlich auf Kreta. Er könnte aber auch aus einem der Länder stammen, die an den minoischen Handelsroute lagen.

Die 3500 Jahre alte Tontafel mit der Linearschrift A (links oben) stammt aus den Archiven der kretischen Villa Hagia Triada. Die Zeichen gleichen weitgehend denen der Linearschrift B, doch da man die dazugehörige Sprache nicht kennt, konnten sie bisher auch nicht entziffert werden. Die Schrifttafel darunter in Linear B ist eine von denen, mit denen Michael Ventris bei seinen Entschlüsselungsversuchen arbeitete. An Ideogram men erkennt man die dreibeinigen Kessel; sie bestätigen seine Übertragung des mykenisch-griechischen Wortes „tripode". Rechts sieht man numerische Zeichen für die Anzahl der jeweiligen Gegenstände.

Nach Blegen kamen andere Archäologen, die die umliegende Region durchkämmten und einen ganzen Schatz an Gegenständen bargen, die den Aufstieg und Niedergang dieser bemerkenswerten Kultur dokumentierten. Blegen selbst konzentrierte sich weiter auf Pylos, den am besten erhaltenen Palast aus der Zeit der Mykener. Schließlich gelang es Michael Ventris, einem jungen Engländer, die Schrift auf den Tontafeln zu entziffern, die man nicht nur in Nestors Archiv, sondern auch anderswo gefunden hatte. Die decodierte Schrift gab Fachleuten mit einem Mal die Möglichkeit, viele der Lücken im Verständnis dieser faszinierenden prähistorischen Kultur zu schließen.

Das klassische Griechenland hatte die Mykener als überaus stolze, Festlichkeiten und der Lust zugetane Menschen verklärt und ihre Ära als Zeitalter der Helden gefeiert. Tatsächlich zeigte sich im Zuge der archäologischen Forschung und der wissenschaftlichen Analyse, daß sie viele der ihnen von Homer zugeschriebenen Vorzüge auch besaßen: Sie waren ungewöhnlich hochgewachsen, gutgebaut und ehrgeizig, wobei letzteres auch die Bereitschaft zur militärischen Auseinandersetzung einschloß. Aggressiv und expansionistisch nahmen sie alles, was sie vorfanden, in Besitz, um es zu unterwerfen und weiterzuentwickeln. Sie machten viele Anleihen bei der Kultur der Minoer, interpretierten die minoischen Vorstellungen aber auf ihre eigene Weise und ergänzten sie. Dies äußerte sich am deutlichsten im Falle der großen, zentralen Paläste und des bürokratischen Verwaltungssystems mitsamt der schriftlichen Archive. Beides übernahmen sie, bevor sie ihre eigenen Palastkomplexe bauten, die schon bald die Burgberge der mächtigeren Reiche des mykenischen Griechenlands krönten. Es waren imposante, reich und luxuriös ausgestattete Bauwerke; eindringlich sollten sie Fremden wohl Macht und Wohlstand der herrschenden Oberschicht demonstrieren.

Der Zweite Weltkrieg und die sich anschließenden politischen Wirren in Griechenland unterbrachen die Ausgrabungen von Pylos für 13 frustrierende Jahre. Fast ebenso lange ließ die Veröffentlichung der Abschrift, die von den dort gefundenen Tontafeln gemacht worden war, auf sich warten. Wissenschaftler, die an der Entzifferung der Linearschrift B arbeiteten, mußten sich mit einer begrenzten Zahl an Kopien der Knossos-Schrifttafeln begnügen. Erst als 1951 das komplette Werk *The Pylos Tablets* erschien, verfügten sie über einen vollen, zuverlässigen Satz an Zeichen. Ergänzt wurde dieser Satz ein Jahr später durch die Abschrift der in Knossos gefundenen Tontafeln in *Scripta Minoa II*, einem Werk, das der inzwischen verstorbenen Sir Arthur Evans begonnen und sein Freund Sir John Myres beendet hatte. Das neue Material regte zu verstärkten Anstrengungen an, die alte Schrift zu entziffern. 1952 traten zwei Ereignisse ein, die das Bild der Mykener in den Augen der meisten Wissenschaftler ändern sollten: Blegen kehrte nach Pylos zurück, um die lange aufgeschobene Ausgrabung des dortigen Palastes wiederaufzunehmen, gerade als in England der erste große Durchbruch auf dem Weg zur Lösung des Linear-B-Puzzles gelang.

Schon Blegens erste Grabung hatte in Kreisen der Wissenschaft erhebliche Unruhe ausgelöst. Seit der Entdeckung der Mykener durch Heinrich Schliemanns Grabungen erst in Mykene, dann in Tiryns war das prähistorische Griechenland in den Mittelpunkt zahlreicher archäologischer Bemühungen gerückt. Dennoch blieb das Wissen der Fachwelt fragmentarisch. Die Mehrzahl der Gelehrten hatte sich der Theorie von Arthur Evans angeschlossen, wonach die minoische Kultur auf Kreta Kunst und Kultur des mykenischen Festlandes nicht nur beeinflußt, sondern bestimmt hatte, und zwar in jeder Beziehung bis hin zur Politik zumindest der größeren Siedlungszentren. Die Schrifttafeln, die Blegen im Archiv von Pylos entdeckt hatte, brachten eine ganze Reihe herkömmlicher Vorstellungen ins Wanken.

Fest stand, daß die Schrift auf den Tafeln aus Pylos und Knossos dieselbe war, nämlich Linear B. Verwirrung stiftete jedoch die zeitliche Abfolge. Die Tafeln aus Knossos hatte man in die Zeit um 1400 v. Chr. datieren können, als der dortige Palast in Schutt und Asche fiel und der Niedergang der minoischen Kultur nicht mehr aufzuhalten war. Die Schrifttafeln aus Pylos waren Analysen zufolge fast 200 Jahre jünger. Daran war im Grunde nichts Besonderes, wenn man die Erklärung akzeptierte, daß die Minoer die mykenischen Festungen vor dem Fall ihrer eigenen Paläste auf Kreta unter ihre Kontrolle gebracht und noch 200 Jahre später auf dem Festland die Macht innegehabt hatten. Jede andere Erklärung aber zog eine grundlegende chronologische Neubewertung nach sich. Evans schloß aus der Entdeckung von Pylos, daß die minoischen Herrscher ihre Regierungsform auf das Festland übertragen hatten, und er starb in dieser Überzeugung.

Genau dieser Auffassung hatte Blegen 20 Jahre lang widersprochen, denn seiner Meinung nach stellte die mykenische Kultur eine separate, eigenständige Entwicklung dar. Linear B konnte diesen Disput beenden. Man war sich allgemein einig, daß Linear B eine unbekannte kretische Sprache wiedergab, die, obgleich nichtgriechischen Ursprungs, auf dem griechischen Festland benutzt wurde. Doch das war nur eine Annahme und blieb es, solange man die Schrift nicht lesen konnte.

Dies änderte sich, nachdem Michael Ventris, ein sprachbegabter junger Brite und Architekt, der die Entzifferung von Schriften zu seinem Hobby gemacht und sich lange in das Problem von Linear B vertieft hatte, im Juni 1952 eine historische Ankündigung im Rundfunk machte: „In den letzten Wochen bin ich zu dem Schluß gekommen, daß die Schrifttafeln aus Knossos und Pylos in griechischer Sprache geschrieben sein müssen", sagte er, „einem schwierigen, archaischen Griechisch in Anbetracht der Tatsache, daß es 500 Jahre älter als Homer und in ziemlich verkürzter Form wiedergegeben ist, aber nichtsdestoweniger Griechisch. Obwohl viele Tafeln so unverständlich bleiben wie zuvor, ergeben viele andere plötzlich einen Sinn."

Der Gedanke war so unorthodox, daß das Echo darauf zwangsläufig zwiespältig sein mußte, doch er wurde unerwartet schnell bestätigt. Ventris, der sich inzwischen mit John Chadwick, einem Altertumsforscher an der Cambridge University zusammengetan hatte, schickte einen Bericht über die Entzifferung an Blegen, der seinen Empfänger unmittelbar vor der Abreise zu seiner zweiten Grabung in Pylos im Frühjahr 1953 erreichte. In Laufe des gerade verstrichenen Winters waren die im Vorjahr geborgenen Tafeln gereinigt worden, und Blegen versuchte sie nun nach dem von Ventris und Chadwick entwickelten Silbenalphabet zu entschlüsseln. Was er entdeckte, veranlaßte ihn, sofort an Ventris zu schreiben. Seinem Brief fügte er ein Photo von einer der Schrifttafeln bei, die das mykenische Wort *ti-ri-po-de* zeigte, dessen Verwandtschaft mit dem griechischen *tripode* für „Dreifuß" nicht zu verkennen war. Daneben war das Ideogramm eines dreifüßigen Kessels zu sehen, in dem in den mykenischen Palästen Speisen zubereitet und warmgehalten wurden. „Die Wahrscheinlichkeit, durch reinen Zufall auf eine solche erstaunliche Übereinstimmung zu stoßen, ist denkbar gering", schrieb Chadwick später, „und dies bewies, daß Zweifel an der Entzifferung ausgeschlossen waren." Damit stand fest, daß Griechisch die älteste indoeuropäische Sprache war.

Die Entzifferung der Linearschrift B *(S. 122)* hat zum Wissen über die rätselhaften Mykener ebensoviel beigetragen wie Schliemanns Ausgrabung des alten Mykene und Blegens Entdeckung des Palastes des Nestor in Pylos. Einige wenige Schrifttafeln und Siegelabdrücke, die anderswo, nämlich in Mykene, Tiryns und Theben, gefunden wurden, bestätigen, daß diese Frühform des Griechischen im ganzen mykenischen Griechenland verbreitet war. Die Tatsache allerdings, daß sie ausschließlich in Palästen oder den von ihnen kontrollierten und abhängigen Städten auftauchten, bewies, daß es sich im wesentlichen um ein Instrument der Verwaltung handelte. Dies und das Fehlen des minoischen Linear A auf dem Festland beziehungsweise der Nachweis von Linear B im Knossos der Spätpalastzeit beweisen unzweifelhaft, daß das minoische Kreta in der Endphase mykenisch dominiert war und nicht umgekehrt, wie Evans angenommen hatte. Mit Unterstützung von Chadwick, dessen Spezialgebiet die Frühgeschichte der griechischen Sprache war, bereitete Ventris nun eine umfassende Dokumentation der Schrifttafeln und dessen vor, was sie auszusagen hatten.

Die erste Übersetzung der Dokumente sollte unvollständig und in mancher Hinsicht spekulativ bleiben, und zwar zum Teil deshalb, weil man auf viele fremde Namen und Wörter stieß, deren genaue Bedeutung nicht auszumachen war. Erschwerend kam hinzu, daß die Schrift in der mykenischen Kultur zu einem einzigen Zweck benutzt wurde. Die Tontafeln enthalten keinerlei private Mitteilungen, keine persönlichen Äußerungen von Einzelpersonen, keine Briefe, keine Erinnerungen und keine historischen Darstellungen. Schriftlich festgehalten wurden ausschließlich statistische Daten über die täglichen Transaktionen einer bis ins kleinste bürokratisch organisierten Gesellschaft oder, wie es der britische Forscher Sir Denys Page ausdrückte, einer Gesellschaft, die, „eingeteilt und nochmal eingeteilt, in Kategorien verpackt, beobachtet und versorgt, von einer unermüdlichen, allgegenwärtigen Armee von Amtsträgern ständig kontrolliert wurde". Insgesamt beinhal-

GESTALTEN EINER GÖTTIN

Nach der Zahl der überwiegend weiblichen Idole zu urteilen, die man auf Kreta ausgegraben hat, müssen die Minoer an eine alles beherrschende Große Göttin geglaubt haben. Ganz offensichtlich regierte sie über sämtliche Aspekte der Natur – jeden blättertragenden Ast und jedes reifende Feld, kleinste und größte Tiere, die Kreaturen der Meere, die Bewegungen der Erde und der Luft, ja sogar die Fruchtbarkeit. Ihre Allgegenwart und ihr Kult waren so stark, daß die mykenischen Eroberer, die bei der minoischen Kultur starke Anleihen machten, sie als Beschützerin der Herden, der Ernte und des Hauses in ihren Götterhimmel aufnahmen.

Heute läßt sich nicht mehr entscheiden, ob die Große Göttin mehrere Gestalten in sich vereinte, denn es gibt keine Texte, die die jahrtausendealten Skulpturen und Darstellungen erklären, in denen sie, wie hier und umseitig zu sehen, dem Betrachter in diversen Trachten, Formen und Haltungen entgegentritt.

Nicht nur auf Kreta wurde eine solche Göttin verehrt. Vielmehr hat man über die ganze Ägäis verstreut Figurinen gefunden, die über 8000 Jahre ins Neolithikum zurückführen. Da durch Betonung der Brüste und

Genitalien ihre Weiblichkeit fast immer stark hervorgehoben ist, kann man davon ausgehen, daß es sich um Fruchtbarkeitsgöttinnen oder Votivgaben, mit denen man sie günstig zu stimmen versuchte, handelte. Männliche Gottheiten treten erst in der klassischen Antike in den Vordergrund, als die Zeit des Zeus und seines Pantheons gekommen war.

Manche Archäologen vertreten die Ansicht, daß das minoische Kreta auch einen männlichen Gott verehrte, und zwar einen Sohn der Großen Göttin, der jedes Jahr im Frühling in Gestalt der erneuerten Vegetation geboren wurde. Doch als die Mykener ihren Himmel um eine Gottheit des Krieges – einen Aspekt des Daseins, der den Minoern denkbar fremd war – erweiterten, war es wieder eine weibliche Gestalt, eine Vorläuferin der Göttin Athene.

ten die Dokumente also nur Verzeichnisse und Listen von Personen, religiösen Festen, Landvergaben, Viehbeständen, landwirtschaftlichen Erzeugnissen und industriellen Produkten.

Darüber, was für die Nachwelt am interessantesten wäre, schweigen die mykenischen Schreiber. Nirgendwo findet sich der Name eines Königs oder die Eigenbezeichnung des Volkes. Homer nannte es die Achaier; die Bezeichnung Helenen kam erst in nachhomerischer Zeit auf, und unser Wort griechisch leitet sich vom lateinischen *graecus* ab. Der Name Mykener, die die Archäologie der Kultur gab, bezieht sich auf ihren größten Palast, nämlich den von Mykene.

Die Dokumente, die in Pylos erhalten geblieben sind, machen nur einen Bruchteil des Aktenberges eines ganzen Jahres aus. Dessenungeachtet verzeichnen sie Tausende von Transaktionen an Hunderten von Orten; offensichtlich war jede Kleinigkeit, jede Zahl, jedes Gewicht, jedes Maß und jede Ware wert, festgehalten zu werden, und sei sie noch so banal. So zum Beispiel registrierten die akribischen Schreiber neben der Verteilung von ausreichend Bronze für die Produktion von 500 000 Pfeilspitzen und 2300 Schwertern pflichtgemäß zwei mit Bronze beschlagene Wagenräder, die sie als „wertlos" einstuften. Sie notierten ganze Herden von Schafen, deren Zahl in die Zehntausende ging, waren sich aber nicht zu schade, die Abgabe eines einzigen Schafes durch eine Person namens Komawens festzuhalten. Mit derselben Akribie verzeichneten sie die Zuteilung von Weizen und Feigen an 37 Badefrauen in Pylos und die Namen der zwei Ochsen eines gewissen Tazaro: der Prächtige und der Schwarze. „Es scheint, als hätte kein Same gesät, kein Gramm Bronze verarbeitet, kein Tuch gewebt, keine Ziege gezüchtet und kein Schwein gemästet werden können, ohne daß eine Akte im königlichen Palast angelegt wurde", meinte ein Archäologe.

1 2 3

Die weibliche Fruchtbarkeit betont die Tonfigur aus dem 5. Jahrtausend v. Chr., die in Thessalien gefunden wurde (1). Die „Göttin von Myrtos" (2), zwischen 2900 und 2600 v. Chr. entstanden, umschlingt mit dünnen Armen einen Krug, vielleicht ein Symbol ihrer Herrschaft über das Haus. Aus dem Kreta der Frühpalastzeit stammt das Opfergefäß in Gestalt einer Großen Göttin (3). Aus ihren spitzen Brüsten, die sie umfaßt, floß das Opfergetränk.

Bei den Listen handelte es sich offenbar um ständig aktualisierte Bestandsverzeichnisse. Sie wurden angelegt und nicht gebrannt, sondern lediglich an der Sonne getrocknet; später übertrug man die Daten auf haltbareres Material wie Papyrus oder Tierhaut, und legte die Tontafeln in Wasser, um sie einzuweichen und später neu zu beschriften. Aus diesem Grunde konnten Archäologen solche hartgebrannten Listen in Linear B nach Jahrtausenden auch nur in Palastzentren wie Pylos finden, die durch eine Brandkatastrophe vernichtet wurden.

Den Notizen läßt sich viel Interessantes über die Organisation der mykenischen Königreiche entnehmen, wenn auch längst nicht alles. Unter anderem trugen die Texte dazu bei, Wissenslücken über Nestors Palast, die Blegens archäologische Grabungen hinterlassen hatte, zu schließen. In den Mauern des Komplexes war zum Beispiel nur eine Badewanne gefunden worden; die Schrifttafeln registrierten drei. Auch den Mangel, daß Feuer, Zeit und Plünderer von dem Mobiliar kaum etwas übriggelassen hatten, glichen die Tafeln aus Pylos, die über die Kunst der königlichen Tischler berichteten, teilweise aus. Eines ihrer Werke war offenbar so prächtig, daß der Schreiber, der es in die Inventarliste aufnahm, Mühe hatte, Worte dafür zu finden. „Ein Stuhl aus Laubholz mit Einlegearbeiten aus blauem Glas, Elektrum und

Die Fayencefigur in minoischer Tracht aus dem Palast von Knossos stellt vermutlich die Große Göttin mit starr geradeaus gerichtetem Blick und Schlangen in den erhobenen Händen dar (4). Auf dem Siegelring aus Gold, den ein minoischer Künstler um 1550 v. Chr. schuf, ehren drei Priesterinnen eine Göttin zwischen stilisierten Blumen (5). Die Göttin aus Mykene aus dem 13. Jahrhundert v. Chr. mit aufgemaltem Hals und Armschmuck ist in dem für die mykenische Keramik charakteristischen Stil verziert (6).

4

5

6

Im ganzen östlichen Mittelmeerraum hat man solche kleinen mykenischen Keramikfiguren mit einem Kind auf dem Arm gefunden (7); sie zeigen vermutlich die Große Göttin als Ernährerin und Beschützerin der Kinder. Bei den beiden Frauen mit Kind aus dem Mykene des 13. Jahrhunderts (8) handelt es sich vielleicht um eine Wiedergabe der Göttin mit Amme und Kind. Um 1200 v. Chr. entstand die weibliche Tonfigurine mit Mohnkapseln im Haar, die in Herakleion zum Vorschein kam (9). In der Darstellung drückt sich vielleicht die Heilkraft oder die Gabe der Fruchtbarkeit aus, deretwegen die Göttin rund um das Ägäische Meer verehrt wurde.

Gold", schrieb er. „In die Streben eingelegt sind goldene Figuren und Hirschköpfe, goldene Stierköpfe, Palmen aus Gold und Palmen aus blauem Glas." Die amerikanische Altertumsforscherin Emily Vermeule konnte sich beim besten Willen nicht vorstellen, daß irgend jemand ein solches Möbelstück schön, geschweige denn praktisch hätte finden können; der König jedenfalls verbannte es in sein Magazin.

Dank der Schrifttafeln können wir uns auch ein Bild der Macht und der wirtschaftlichen Verflechtungen innerhalb der Königreiche machen, und sei es auch unvollständig. Die Mykener herrschten nicht über eine politische Einheit auf dem Festland, nicht über ein geeintes Königreich oder ein formales Reich überhaupt. Vielmehr gab es Dutzende von rivalisierenden Königreichen. Jede Region hatte ihren zentralen Palast; unabhängig von den anderen, wurde diese Zitadelle von einer eigenen, reichen und mächtigen Adelsdynastie regiert und Bürokratie verwaltet. Die Kontrolle über die umliegenden Städte war umfassend. Zu Pylos beispielsweise gehörten 16 Städte, über die je ein Gouverneur und ein lokaler Administrator wachten. Das Reich war in eine Hiesige und eine Dortige Provinz eingeteilt; die Provinzen wiederum setzten sich aus jeweils 16 Distrikten zusammen.

Der Herrscher einer Region trug den Titel *wanax*, was etwa dem Königstitel entsprochen haben dürfte. Er war die oberste Instanz in

7 8 9

Fragen der Politik, der Wirtschaft, des Militärs und der Religion. Von seinem Palast aus regierte der Wanax mit Hilfe des *lawagetas*, eines Mittlers, der der Oberkommandierende des Heeres gewesen sein könnte. Zum Hofstaat gehörten Beamte, die *hequetai*, Gefolgsleute des Königs, genannt wurden und Uniform trugen. Diese Angehörigen der oberen Schichten der mykenischen Gesellschaft hatten wahrscheinlich das Recht, Sklaven zu halten, und waren zusammen mit dem *tereta* genannten Landadel die Großgrundbesitzer des Reiches. Als Vertreter des Palastes, die dem Wanax abgabepflichtig waren, kontrollierten die Angehörigen des Landadels die Bauern, die ihre Ländereien bestellten.

Der Grad der Spezialisierung bei den Palastarbeitern war extrem hoch, was wiederum für eine ausgesprochene Industriegesellschaft spricht. Neben seinen Aufgaben als ziviles und militärisches Zentrum der Region erfüllte der Palast auch die Funktion des industriellen und wirtschaftlichen Mittelpunktes. Entsprechend weitläufig war zum Beispiel der Palastkomplex von Pylos, der eine ganze Armee von Arbeitern und Handwerkern, unterteilt in Spezialistengruppen, unterhielt. Es gab Steinmetze, Tischler und Zimmerleute, Architekten, Ingenieure und Schiffbauer. Im Bereich der Waffenindustrie arbeiteten Bogenmacher neben einer endlosen Reihe von Fachleuten, die sich auf die Bearbeitung von Metallen verstanden. In Pylos allein waren 270 Bronzeschmiede verzeichnet; eine Gruppe fertigte ausschließlich Räder für Streitwagen an. Luxusartikel stellten Gold- und Silberschmiede, Juweliere, Elfenbeinschnitzer, Möbeltischler und Parfümeure her, die Olivenöl durch Erhitzen unter anderem mit Salbei und Rosenblüten aromatisierten. Die unterste Stufe der Hierarchie bildeten die Sklaven. In den Schrifttafeln von Pylos sind rund 600 Frauen registriert, die „Gefangene" genannt wurden und als solche wohl in die Kategorie der Sklaven fielen. Etliche Personen waren für Handlangerdienste wie Wasserholen und dergleichen zuständig.

Auch in der Landwirtschaft galt das Gebot der Spezialisierung. Die Arbeit teilten sich unter anderem Schaf-, Ziegen- und Rinderhirten, Holzfäller und Holzkohlebrenner. In der Region von Pylos wurden riesige Schafherden gehalten, doch war ihre Wolle für die Kleiderherstellung bei weitem nicht so wichtig wie Flachs und Leinen. Getreide, von Frauen gemahlen und von Männern gebacken, war eins der Grundnahrungsmittel, zu denen auch Milchprodukte, Oliven und Olivenöl, Feigen, Honig, Wein und verschiedene Kräuter und Gewürze gehörten. Die Ernte sowie die Verarbeitung der landwirtschaftlichen Produkte oblag im Zweifelsfalle einer weiteren Kette von Spezialisten.

Dem Photo (links) von dem Megaron im Palast des Nestor, so wie ihn Carl Blegen ausgegraben hat, ist oben eine Rekonstruktion des niederländischen Illustrators Piet de Jong gegenübergestellt, die in zarten Aquarellfarben zeigt, wie die luxuriöse Halle im 13. Jahrhundert v. Chr. ausgesehen haben könnte. Das Megaron, ein typisches Element aller mykenischen Paläste, hatte in der Mitte einen großen, runden Herd, den vier Säulen umgaben. Die Wände zierten Fresken, und sogar Fußböden und Decken waren bemalt.

Geld war bei den Mykenern unbekannt, und es gab auch keinen Markt. Für alle Aufgaben im Rahmen der Herstellung und der Verteilung beziehungsweise Zuteilung von Gütern war vielmehr der Palast zuständig. Die Palastarbeiter wurden in Naturalien bezahlt; Abgaben an den Palast entrichteten die Städte der einzelnen Distrikte in Form von Gütern und Waren.

Alle diese Daten kennt die Wissenschaft aus den Aufzeichnungen auf den Schrifttafeln, die zusätzlich einiges über religiöse Gebräuche berichten. Sie nennen unter anderem die Götter, denen Opfer dargebracht wurden, in der Regel in Form von Olivenöl, aber auch von Goldgefäßen. So zum Beispiel erhielt der Meeresgott Poseidon laut Aussage einer Tafel einen Bullen, vier Ziegenböcke, Käse, Wein und Honig, vermutlich anläßlich einer kultischen Feier. Alle Angaben lassen auf eine hochentwickelte polytheistische Religion mit Priestern, Priesterinnen und Kulten schließen. Als Gottheiten aber hat man unmittelbar nur diejenigen identifizieren können, deren Namen man aus den Legenden des späteren klassischen Griechenlands kennt: Zeus, Hera, Poseidon, Hermes, Athene und Artemis. Darüber hinaus ist die Forschung auf Spekulationen angewiesen. So hat es möglicherweise einen Vorläufer des Apollon und des Ares sowie des Dionysos gegeben. Kein Zweifel kann jedoch hinsichtlich der bedeutenden Rolle bestehen, die die Religion im täglichen Leben des mykenischen Griechenlands spielte, wenngleich die Schrifttafeln nichts über die den Gebräuchen zugrunde liegenden Mythen und Vorstellungen aussagen. Auch über Gesetze, die Justiz, Verbrechen, Strafen und den Strafvollzug schweigen sich die Tafeln aus. Die gewaltigen Baumaßnahmen aber, die so gut wie jede Zitadelle unternahm, legen den Verdacht nahe, daß ein nicht unerheblicher Zwang ausgeübt werden mußte, um Menschen aus ihrem angestammten Umfeld abzuziehen und zur Palastarbeit zu verpflichten.

Des weiteren vermissen Forscher auf den Schrifttafeln erstaunlicherweise Angaben über den Handel und den Warenaustausch mit dem übrigen mykenischen Griechenland und der Welt jenseits seiner Grenzen. Ebensowenig Erhellendes enthalten die Dokumente über die Epen des Homer, die zwar 400 Jahre später entstanden, aber mit großer Sicherheit die mykenische Ära beschreiben. Bei all ihrer Lückenhaftigkeit hat die Entzifferung der Linearschrift B die Wissenschaft doch einen großen Schritt weitergebracht. „Wir verdanken ihr einen linguistischen Kommentar zu den stummen Monumenten des prähistorischen Griechenlands", faßte John Chadwick zusammen, „der, obzwar unvollständig und andeutungsweise, beweist, daß ihre Schöpfer Griechen waren. Sie hat das Datum der ersten griechischen Inschriften um sieben Jahrhunderte zurückversetzt und somit unsere Kenntnis der griechischen Sprache erweitert, die jetzt auf eine ununterbrochene geschriebene Geschichte von insgesamt 33 Jahrhunderten zurückblickt."

Die Aufregung über die Entzifferung von Linear B lenkte die Öffentlichkeit wie auch die Wissenschaft von Blegens Ausgrabungen in Pylos ab. Blegen hatte die Arbeit im Palast des Nestor am 30. Mai 1952, kurz vor der Radioansprache von Ventris, wieder aufgenommen. Er war inzwischen 65 Jahre alt, und er sollte bis zu seinem 77. Lebensjahr an seinem letzten großen Werk arbeiten. Doch an seinem Engagement und an seiner archäologischen Akribie hatte sich nichts geändert.

Der neue Graben, den Blegen ausheben ließ, führte ihn direkt in das Herz des Palastkomplexes, nämlich in das Megaron mit angrenzender Eingangs- und Vorhalle. Die Königshalle erwies sich als ein großer, geschlossener Raum von 28,80 Meter Länge und 11,30 Meter Breite. In der Mitte des Saales fand Blegen einen großen, runden Herdaltar, in dem ein offenes Feuer gebrannt haben dürfte, und die Fundamente von vier hohen, sich nach unten verjüngenden Holzsäulen. Sie trugen einst die Galerie des Obergeschosses sowie einen erhöhten Teil des Daches, der zum Belüftungsschacht ausgebaut war. Durch kleine Fenster an den Seiten des Aufbaus konnte der Rauch von dem Feuer abziehen.

An der Ostseite legte Blegen eine Vertiefung in dem verputzten Boden frei, in der der Thron gestanden hatte, bevor er mit allem anderen Inventar des Palastes zu Asche verbrannte. Sorgfältig wie er war, konnte der Archäologe aus dem Schutt im Megaron Fragmente von Fresken bergen, die von der Wand hinter dem Thron gefallen waren. Sie zeigten Teile von Löwen, Greifen, einem Krug, Männern an einem Tisch, einem Lyraspieler auf einem Felsen und einem weißen Vogel mit Federkrone, der durch die Luft flog. Der Boden des Thronsaals bestand aus festge-tretenem Lehm mit einer Auflage aus Gipsplatten, die in unterschiedlich dekorierte Quadrate aufgeteilt waren. Das Quadrat unmittelbar vor dem Thron zierte ein stilisierter Tintenfisch, der vielleicht das Emblem des Königs gewesen war. Treppen führten zum Obergeschoß.

Eine Grabungsperiode folgte der anderen; zutage kam nach und nach ein großer Komplex aus Korridoren, Magazinen, Speisekammern, Durchgängen, Kammern, Treppen, Höfen, Besucherräumen sowie einer Zimmerflucht, zu der das vermeintliche Megaron der Königin gehörte. 1956 war der ganze innere Palast freigelegt, allerdings ohne eine nennenswerte Zahl an identifizierbaren Schätzen preiszugeben. Die wertvollsten Gegenstände, so ist zu vermuten, fielen Angreifern zur Zeit der Zerstörung des Palastes in die Hände, sofern die Einwohner sie vor der Flucht nicht schnell zusammenraffen konnten. Die wenigen Objekte aus

Neben einem der Eingänge des Palastes von Pylos lag ein großes, einmalig elegant ausgestattetes Bad, das wohl für Besucher gedacht war. Die Terrakotta-Wanne war in Lehm eingelassen und mit Gipsplatten verkleidet, die Spiralmotive zierten. Man bestieg sie über eine Stufe; auf einem Wandvorsprung konnten Badende Toilettenartikel oder Schwamm ablegen.

Gold, Silber, Bronze, Elfenbein und Glas, die Blegen und sein Team in den Ruinen noch vorfanden, waren in den wütenden Flammen fast bis zur Unkenntlichkeit verformt worden.

In Magazinen an der Rückseite des Megarons hatten die Mykener riesige Gefäße mit Olivenöl gelagert, das mit Sicherheit zur rasanten Ausbreitung des Feuers beigetragen hatte. In den Speisekammern und Magazinen lagerten alles in allem rund 6000 Haushaltsgefäße, unter ihnen fast 3000 gestielte Pokale, die auf Holzregalen gestanden hatten und auf dem Boden zerschellt waren, als die Flammen das Holz verzehrten. Zu den wichtigsten Gegenständen, die man barg, gehörten jedoch Objekte aus Ton; in einem Annex zum Archiv fand man 468 weitere Täfelchen und Fragmente. Bei Abschluß der Grabungsarbeiten belief sich die Zahl der Schrifttafeln aus dem Palast fast auf 1000.

Mit am interessantesten war die Entdeckung eines vornehm ausgestatteten Baderaums neben dem Palasteingang, wie man ihn zuvor noch an keiner anderen mykenischen Fundstätte entdeckt hatte. Die Wanne aus Terrakotta war in Gips eingelassen und hatte eine Stufe, eine Ablage, auf der vielleicht Badeartikel gestanden hatten, und zwei Pokale aus Ton, die wie Champagnergläser geformt waren. Aus letzteren hatte man möglicherweise Wasser oder Öl auf die Badenden gegossen. Die Wanne hatte keinen Abfluß; das Wasser mußte mit Schöpfkrügen geleert und in ein Abflußrohr gegossen werden.

In der Ecke des Raumes standen zwei große Krüge, der eine vielleicht für Wasser, der andere für parfümiertes Olivenöl zur Körperpflege. Das kleinere Megaron ist durch einen Gang mit einem Raum verbunden, der durch einen bemalten Gipsplattenboden auffällt. In ihm fand Blegen ein Abflußrohr, das seiner Meinung nach zu einem Abort gehört haben mußte. Es mündet in ein unterirdisches Kanalnetz, an das verschiedene Bereiche des Palastes angeschlossen sind.

Wie bei anderen mykenischen Palästen gruppierte sich um den inneren Komplex ein Netz von Anbauten, zu denen Weinlager, Waffenarsenale, Ställe, Werkstätten und Warenmagazine gehörten. Dies war die Stadt gewesen, die sich unterhalb des Plateaus, auf dem der Palast stand, über die hügelige Landschaft erstreckt hatte. Am Fuß eines der Hänge machte Blegen einen sensationellen Fund – 3000 Fragmente von Fresken aus der Frühpalastzeit, die im Zuge von Renovierungsarbeiten von der erhabenen Akropolis hinuntergekippt worden waren. Wieder zusammengesetzte Teile zeigen eine unvollständige Perlmutterschnecke, Vögel mit blauem Gefieder und eine Prozession.

Anders als Mykene, Tiryns und weitere mykenische Paläste war Pylos nicht befestigt. Dafür hatte die Akropolis einen ungehinderten Blick auf alle Zugänge und die steilen Hänge, die unter ihr lagen. Die nächstgelegene Quelle lag auf einem benachbarten Hügel, so daß das Wasser über Holzleitungen herangeführt werden mußte. Wehrmauern, die die Quelle nicht eingeschlossen hätten, wären nach Blegens Meinung ziemlich unsinnig gewesen. Pylos bildete den Mittelpunkt eines großen, aber geographisch abgelegenen Fürstentums. Das war bei Palästen wie Mykene und Tiryns anders. Wenn der nächste Nachbar nicht allzu fern beziehungsweise das Reichsgebiet nicht allzu groß war, konnten sie auf Befestigungen nicht verzichten. Dagegen könnten sich die Herrscher von Pylos, die über ein großes Territorium geboten, gezwungen gesehen haben, eher ihr Land als ihren Palast zu verteidigen.

Mittlerweile hatte die archäologische Forschung in ganz Griechenland einen gewaltigen Aufschwung genommen. In Mykene, Athen, Theben, Iolkos, Tiryns, Orchomenos, Asine, Argos, Thorikos und Marathon kamen mehr und mehr Baureste aus der mykenischen Welt zum Vorschein. Hand in Hand mit dieser Entwicklung ging die Tendenz, die Funde früherer Feldforscher unter Gesichtspunkten neu zu interpretieren, die aus der Anthropologie kamen. In den Palästen sah man nun mehr als nur die Residenzen von Fürsten. Ihre Pracht hatte einen ganz bestimmten Zweck: Die großartige Architektur sollte die königliche Würde und überragende Macht des Wanax nachdrücklich und unmißverständlich dokumentieren.

Rund um die Zitadelle von Mykene ziehen sich die Befestigungsmauern, die auf der Luftaufnahme gut zu erkennen sind. Innerhalb der Mauern befanden sich in bevorzugten Lagen den Grabkreis A und das Palastzentrum, ein Indiz ihrer Bedeutung. In den einfachen Bauten rechts des Grabkreises und jenseits des Palastes lagen Werkstätten, Wohnquartiere für Bedienstete, Magazine und Lagerräume.

So gesehen, stellte sich das Megaron, das in den Palästen von Pylos, Mykene, Tiryns und Theben nach mehr oder weniger denselben Gesichtspunkten gebaut war, nicht nur als der größte Saal des Gesamtkomplexes dar; vielmehr war er der architektonische Höhepunkt einer abgestuften Reihe von Räumen, die in das Herz der königlichen Macht führten. Die säkulare Macht des Fürsten vermittelten die vier Säulen, der große Herd und der Thron, der an der Ostwand stand; seine geistliche Stellung war an den Themen der Fresken abzulesen. Symbole aus der mystischen Welt wie zum Beispiel die Greife an der Wand hinter dem Thron machten die unmittelbare Verbindung zwischen dem Fürsten und der überirdischen Welt deutlich, eine Verbindung, die jenseits der Hierarchie der Priesterschaft lag.

Die subtilen Anzeichen der Macht in den ausgeschmückten Räumen des Palastes waren für die wenigen Angehörigen der Elite gedacht, die Zutritt zum Inneren hatten. Die monumentale Größe des

Die sogenannten kyklopischen Mauern der Zitadelle von Tiryns sind besonders eindrucksvoll in den falschen Gewölben der Gänge, die die Palastwände überdachten. Die massiven Befestigungen von Tiryns und Mykene sind 10 Meter hoch und stellenweise 9,30 Meter dick. Die frühen Griechen glaubten, die Mauern seien von den Kyklopen errichtet worden.

Bauwerks symbolisierte, wie im Falle der Akropolis von Mykene, Stärke und Beständigkeit nach außen und sollte von einem größtmöglichen Kreis von Menschen auch so verstanden werden, insbesondere von den rivalisierenden Fürstentümern des Festlands.

Einige Forscher vertreten die Ansicht, daß die mykenischen Machthaber miteinander um den Bau der eindrucksvollsten Zitadellen konkurrierten und sich gegenseitig in dem luxuriösen Stil ihrer Paläste zu übertreffen suchten. Die Bauwerke sprechen eine deutliche Sprache, was den Wert betrifft, den mykenische Herrscher auf Individualität legten, eine Eigenschaft, in der sie sich von den eher auf Gemeinsinn bedachten Minoern auf Kreta unterschieden. Zweifellos wurden sie wegen ihrer demonstrativen Macht- und Prachtentfaltung vom Volk geschätzt, das darin ihren eigenen Stolz wiederfand.

Das Bedürfnis, Macht und Reichtum in der Architektur auszudrücken und zu verewigen, spiegelt sich auch in den monumentalen, prächtig ausgeschmückten und ausgestatteten Gräbern wider, in denen die Fürsten zur letzten Ruhe gebettet wurden. Mit dem Bau der Paläste war zum Beispiel in Mykene der Brauch zu Ende gegangen, Verstorbene aus den Königsfamilien in tiefen Schachtgräbern zu bestatten. An ihre Stelle traten Kuppel- oder Tholosgräber, unterirdisch errichtete Gewölbe aus Steinquadern, die zu den eindrucksvollsten Bauten ihrer Zeit gehörten. Den Zugang bildete ein langer, steinerner Korridor, der in die Flanke eines Hügels gebaut war.

Das schönste Beispiel für ein Tholosgrab hat man nach einem mykenischen König aus der späteren griechischen Sagenwelt das Schatzhaus des Atreus genannt. Schon an Größe hat es nicht seinesgleichen. Die Kuppel mißt über 15 Meter im Durchmesser; die Höhe der Kuppel beträgt an ihrer höchsten Stelle zwischen Boden und Decke rund 13 Meter, die des Eingangs über fünf Meter.

An nichts hatten die Erbauer gespart. Vor der Fassade aus exakt behauenen, geglätteten Quadern unterschiedlicher Steinart standen zwei reichverzierte, zweiteilige Säulen aus grünem Marmor. Im oberen Teil befand sich eine Verkleidung aus Balken mit eingravierten Rillen; darüber leuchtete ein mit Spiralen verziertes Mauerwerk aus rotem Stein. Sowohl der rote als auch der grüne Stein stammte aus Lakonien, einer knapp 100 Kilometer südwestlich von Mykene gelegenen Region. Den Türsturz bildet ein einziger mächtiger Steinblock, der Schätzungen zufolge um die 100 Tonnen wiegt. Jeder Mauerstein innerhalb des Gewölbes ist konkav zubehauen; mit zunehmender Höhe werden die übereinander vorkragenden Steine immer kleiner. Eine große Deckplatte krönt den exakt ausgeführten Gewölbebau. Die Kuppel dieses prachtvollen Grabes ist so stabil und wasserdicht wie an dem Tag vor rund 3300 Jahren, an dem der Bau beendet wurde.

Seit Heinrich Schliemanns erster Grabung in Mykene, bei der 1876 die ersten Steine der Akropolis freigelegt wurden, haben sich Forscher einige grundlegende Fragen stellen müssen. Wer war dieses Volk, das plötzlich zu Wohlstand und Macht gekommen war? Kam es von der Insel Kreta, wie Arthur Evans behauptet hatte? Oder waren es Invasoren aus dem Norden, wie andere annahmen, weil ein Teil ihrer handwerklichen Hinterlassenschaft Ähnlichkeiten mit Artefakten von den Balkanländern und Europa erkennen zu lassen scheint? Oder hatten vielleicht jene Archäologen recht, die den Nahen Osten als ihr Herkunftsland bezeichneten, aus dem sie den Streitwagen mitgebrachten? Oder kamen sie einfach vom Festland, wie wieder eine andere Schule vermutete?

Die Frage ihrer Herkunft ist ungelöst geblieben. Was Jahrzehnte der Grabungsarbeit und der vergleichenden Analyse jedoch hervorgebracht haben, ist eine ungefähre historische Chronologie der mykenischen Welt. Die älteste Gräberanlage für hochrangige Verstorbene in Mykene wurde in den 1950er Jahren vom Griechischen Archäologischen Dienst freigelegt. Es handelte sich um den sogenannten Grabkreis B, der außerhalb der Akropolis lag und mittlerweile auf die Zeit um 1550 v. Chr. datiert ist. Dieses Rund von Schachtgräbern unterscheidet sich deutlich von den aufwendigen Tholosgräbern, die mit dem Bau der Paläste auftauchten. Grabkreis B umfaßt 24 Grabstätten von zumeist einfacher und herkömmlicher Bauweise ohne besondere Ausstattung. Fünf von ihnen dagegen enthielten einen reichen Schatz an Wertgegen-

Das sogenannte Grab des Thrasymedes ist mit das älteste Tholosgrab auf dem griechischen Festland. Thrasymedes war der Sohn des Nestor, dessen Palast in der Nähe lag. Die meisten Tholoi sind vor langer Zeit von Grabräubern geplündert worden. Im Grab des Thrasymedes haben Archäologen unter anderem die Überreste eines Opferstieres gefunden.

Das heute noch eindrucksvolle Schatzhaus des Atreus war im 13. vorchristlichen Jahrhundert ein wahrer Prachtbau. Rechts und links des sechs Meter hohen Eingangs standen grüne Marmorsäulen mit umlaufendem Zackenmuster (links). Marmorplatten mit Schmuckgravuren zierten den Absatz über dem Türsturz. Im Inneren erkennt man Nagellöcher, in denen Rosetten aus Bronze befestigt waren (oben).

ständen. An Grabbeigaben gefunden wurden Gold- und Silbergefäße, Bronzewaffen, eine Totenmaske aus Elektrum, einer Legierung aus Gold und Silber, eine edle Schale aus Bergkristall mit einem Griff in Form eines Entenkopfes; künstlerisch und vom Material her stellten sie einen bedeutenden Fortschritt gegenüber dem bronzezeitlichen Niveau auf dem Festland dar. Die von Schliemann 1876 ausgegrabenen Schachtgräber des Grabkreises A, die heute als wesentlich jünger erachtet und in die Zeit zwischen 1600 und 1450 v. Chr. datiert werden, dokumentieren einen weiteren großen Schritt der Mykener auf dem Weg zu materiellem Reichtum und künstlerischer Vervollkommnung. Die nächste Ära bildet die Blütezeit der mykenischen Kultur, die Epoche der großen Paläste, zwischen dem 14. und dem 13. vorchristlichen Jahrhundert. Eines ihrer Kennzeichen ist in der Bestattungspraxis der Übergang vom Schacht- und Kuppelgrab.

Irgendwann zwischen 1450 und 1400 v. Chr. brachen die Mykener, die auf dem Festland zahlreiche Territorien beherrschten und feste Handelskontakte zu den Inseln unterhielten, zu überseeischen Eroberungszügen auf, die ein Jahrhundert dauern sollten. Die entscheidende Wende auf dem Weg zur Vorherrschaft war die Eroberung fast aller größerer Siedlungen auf dem minoischen Kreta und als Höhepunkt die Belagerung von Knossos um 1450 v. Chr. Nach diesem Schlag gegen die in der Ägäis bis dahin führenden Minoer konnten sich die Mykener deren Errungenschaften aneignen, sei es in der Kunst oder dem Handel, dem technischen Know-how oder den handwerklichen Fertigkeiten der Metallbearbeitung, der Töpferei, der Schmuckherstellung, des Steinschneidens und der Elfenbeinschnitzerei.

Zwischen dem 14. und 13. Jahrhundert stellten die blühenden Palastreiche der Mykener ihre Wirtschaft auf ein festes Fundament, indem sie Rohmaterialien aus dem Ausland bezogen und Märkte für ihre Produkte erschlossen. Nach dem Fall von Knossos mußten die Minoer ihre Vormachtstellung auf See an die Mykener abtreten, die ihre Handelsbeziehungen schnell zu einem die ganze Region erfassenden Netz ausbauten und nicht nur die minoischen Produkte vom Markt verdrängten, sondern auch die Minoer selbst.

Zu den Ausfuhrgütern der Mykener gehörten Olivenöl und Ölprodukte für die Parfümherstellung, Wolle, Leinen, Bronzeschwerter, Dolche und Doppeläxte. Daneben schickten sie Wein, Textilien, Holz und sogar Legionäre ins Ausland, deren Spuren für Archäologen natürlich nicht nachzuweisen sind. Statt dessen stoßen Forscher heute am häufigsten auf das Exportgut Keramik *(S. 145)*, nach dem im ganzen Mittelmeerraum offenbar eine große Nachfrage bestand. Anhand von Keramikfunden ist es gelungen, das weitreichende Netz der mykenischen Kontakte im Bereich des Mittelmeeres, im Nahen Osten, in Ägyp-

DIE MACHT VON MENSCHEN UND WAFFEN: MYKENISCHE KRIEGER AUF DEM SCHLACHTFELD

Großen Respekt zollte Homer den Mykenern, die er als die Stärksten unter den Sterblichen bezeichnete, und ihren schrecklichen Waffen. Es waren bis dahin unbekannte Waffen, gefürchtet und bewundert von allen, die im Kampf gegen sie zu bestehen hatten. Die Helden der Homerischen Epen zogen in Streitwagen in die Schlacht, gerüstet mit langen Speeren und Schwertern, geschützt durch Metallschilde, an denen alle Angriffe abprallten, gepanzert mit Rüstungen und Helmen, die mit Eberzähnen besetzt waren. Doch sagten Homers Verse die Wahrheit? Die Mykener waren ja längst verschwunden, als der Dichter ihnen Unsterblichkeit verlieh.

Die Antwort der Archäologen lautet: ja. So zum Beispiel erwiesen sich die Königsgräber von Mykene als wahre Schatzkammern, was die Waffen aus Bronze anging. Viele Gräber bargen das persönliche Arsenal der dort bestatteten Fürsten, denen man neben Spießen, Messern, Speer- und Pfeilspitzen bis zu einem Dutzend reichverzierte Schwerter und Dolche mitgegeben hatte. Von diesen dürften mit Sicherheit ein ein Meter langes Schwert, mit dem sich furchtbare Hiebe austeilen ließen, und ein Dolch für den direkten Zweikampf zur Grundausstattung des Kriegers gehört haben. Als Stechwaffe, die die gegnerische Rüstung durchbrach, wurde der Spieß eingesetzt.

Was die mannshohen Schilde der Mykener betrifft, so durfte man in den Gräbern sicher keine Exemplare mehr erwarten, denn sie waren aus Rindsleder angefertigt. Bilder von ihnen sind jedoch erhalten geblieben, unter anderem auf dem unten abgebildeten Dolch. Dasselbe gilt für die Streitwagen aus Rohrgeflecht, die man auf Vasen, Siegelsteinen und Stelen sieht; sie sind auch auf Tontafeln aus Pylos und Knossos erwähnt. 200 Streitwagen, so hieß es dort, umfaßte das Arsenal des Palastes nebst den schweren Rüstungen, die im Fall der kriegerischen Auseinandersetzung an die Streitwagenkämpfer ausgegeben wurden.

Ein mykenischer Siegelstein (oben) und sein Abdruck zeigen einen Krieger in voller Rüstung und mit erhobenem Speer auf einem Streitwagen aus Rohrgeflecht. Die Zügel hielt ein Wagenlenker.

Einen gefährlichen Augenblick der Löwenjagd hält diese Szene fest, die in Gold, Silber und Niello auf der Bronzeklinge wiedergegeben ist. Speerwerfer und ein Bogenschütze halten dem angreifenden Raubtier typische mykenische Schutzschilde entgegen: den Schild in der Form einer Acht und den Turmschild. Dolche mit Einlegearbeiten waren Fürsten – und Fürstinnen – vorbehalten und wurden bei feierlichen Anlässen getragen.

Aus Fragmenten, die in einem Grab in Dendra zum Vorschein kamen, wurde der Kopfschutz ganz rechts rekonstruiert. Die Elfenbeinschnitzerei rechts zeigt ein ähnliches typisches Modell des mykenischen Eberzahnhelms, bei dem bis zu 40 Hauer auf einer Lederkappe befestigt wurden. In demselben Grab fand man die Bronzerüstung, unangetastet von Grabräubern – ein seltener Glücksfall. Nur die hochrangigsten Krieger dürften so ausgerüstet in den Kampf gezogen sein.

Anders als ihre Befehlshaber trugen Fußsoldaten in der späten mykenischen Periode um 1200 v. Chr. leichtere Brustpanzer aus Leder und Helme mit Hörnern. Die mannshohen waren durch kleinere, runde Schilde ersetzt worden, die sich in der Schlacht besser bewährten. Speere dagegen gehörten weiter zur Grundausrüstung.

ten und Europa zu kartieren. Auf dem Höhepunkt des Seehandels reichten die Beziehungen der Mykener so weit, daß viele Historiker sie als die unumschränkten Herrscher des Meeres bezeichnen, die die Seewege kontrollierten und das östliche Mittelmeer praktisch als ihr Binnenmeer betrachteten. Diese Auffassung läßt allerdings die Tatsache außer acht, daß es auch zypriotische oder nahöstliche Kaufleute gewesen sein könnten, die die mykenischen Erzeugnisse im Mittelmeerraum vertrieben.

Der fast lebensgroße Stuckkopf, der in einem Wohnhaus von Mykene gefunden wurde, ist ungewöhnlich in seiner Art. Der eher bedrohliche Ausdruck läßt, trotz der klaren Farben, darauf schließen, daß es sich um das Antlitz einer Sphinx mit Frauenkopf und Löwenleib gehandelt haben könnte. Die Punkte auf Wangen und Kinn erinnern an frühkykladische Figurinen mit bemalten Gesichtern.

Von Anfang an beruhte die Macht der Mykener großenteils auf der Kunst der Kriegsführung ihrer Aristokratie. Mykenische Kunstwerke zeigen zahlreiche Szenen der bewaffneten Auseinandersetzung, während in Geschichte und Geschichten, so wie sie sich in der späteren Dichtkunst Homers widerspiegeln, von fast nichts anderem die Rede ist. Im 13. Jahrhundert v. Chr. hatten die Mykener einen hohen Stand der Technik und der militärischen Schlagkraft erreicht. Ihre Infanterie kämpfte mit Schwertern, Dolchen, Speeren und Streitäxten. Unterstützt wurden sie durch Bogenschützen und Einheiten, die mit Steinschleudern ausgerüstet waren. Zur Verteidigung trugen Teile des mykenischen Fußvolks manndeckende, rechteckige Turmschilde oder kleinere Schilde von der Form einer Acht. Gewaltigen Eindruck bei den Gegnern machten auch die von zwei Pferden gezogenen Streitwagen, in denen die Krieger zu zweit auf das Schlachtfeld stürmten.

Die Verherrlichung des Krieges fiel etwa in die Zeit, in der die Mykener auf dem Festland den Zenit ihrer politischen Macht und ihres wirtschaftlichen Reichtums erreichten. Die Bevölkerungsdichte, ablesbar an der großen Zahl der Siedlungen, war noch nie so hoch gewesen und sollte es für acht Jahrhunderte auch nicht mehr sein. Dasselbe galt wohl für den allgemeinen Lebensstandard und die Macht der Herrscher. In Mykene wurde die Verteidigungsmauer um die Akropolis erweitert, und innerhalb sowie außerhalb des Ringes wurde ein großer neuer Komplex an Werkstätten und Warenlagern gebaut. Im ganzen Land herrschte Wohlstand: Zwischen 1340 und 1250 v. Chr. entstanden neue große Paläste in Tiryns und Pylos, und in Gla auf einer Insel in einem See nordwestlich von Theben bauten die Herrscher eine weitläufige neue Akropolis. Doch die Tage der Mykener waren gezählt: Wie anderen großen Staaten der Geschichte blieb ihnen der Niedergang und das Eintauchen in ein dunkles Zeitalter nicht erspart. Um die Mitte des 13. Jahrhunderts wurden Gla und Zygouris, das Reich nördlich von Mykene, offenbar durch

Den Griff dieser bezaubernden Schale bildet der Kopf einer Ente, die den Hals wie zum Ordnen ihres Gefieders dreht. Die rund 15 Zentimeter lange Schale, die aus einem Stück gearbeitet ist, besteht aus Bergkristall und könnte ein Opfergefäß gewesen sein. Sie stammt aus einem Schachtgrab des Grabkreises B in Mykene.

einen Großbrand vernichtet. Um die gleiche Zeit machte sich in weiten Teilen des mykenischen Reiches offenbar die Sorge vor Angriffen breit. Die Könige der größten Paläste wie Mykene, Tiryns und Athen ergriffen Maßnahmen, die Wasserversorgungsanlagen in die Verteidigungsmauern einzubeziehen; in Tiryns wurden die Befestigungen wesentlich erweitert.

Der Grund für das wachsende Gefühl der Unsicherheit könnte einfach in der Sorge um die Absichten anderer Palastzentren gelegen haben, zumal der Druck auf verfügbare Ressourcen immer größer wurde. Doch diese Auffassung ist umstritten. Im mykenischen Griechenland betrachtete sich jedes Regionalzentrum als eine unabhängige, selbstbestimmte Macht, die ihren Nachbarn einerseits mit neidischen, andererseits mit argwöhnischen Augen betrachtete. Spätere griechische Sagen berichten von zahlreichen Überfällen unter einzelnen mykenischen Reichen. Von Zeit zu Zeit vereinten kampfbereite Könige ihre Streitkräfte, um größere Feldzüge zu unternehmen: So war es auch bei dem von Homer besungenen Unternehmen gegen Troja der Fall, dem vielleicht letzten kollektiven Aufbäumen mykenischer Macht.

Archäologische Indizien für den Zusammenbruch der mykenischen Kultur sind lückenhaft, unschlüssig und umstritten. Als Erklärung für ihren Untergang sind verschiedenste Ursachen und Ursachenkombinationen angeführt worden: Bürgerkrieg, soziale Unruhen, ein Sklavenaufstand, eine Invasion zu Lande oder zu Wasser, eine Hungersnot durch den Abbruch des Handels mit dem Osten und damit der Getreideimporte, klimatische Veränderungen (extreme Trockenheit, extreme Regenfälle oder extreme Kälteeinbrüche, die die Ernte vernichteten), verheerende Seuchen, die Erosion infolge der Abholzung der Wälder, eine Naturkatastrophe etwa in Form wiederholter Erdbeben.

Aus welchen Gründen auch immer, die Tatsache bleibt, daß etliche mykenische Siedlungen in der zweiten Hälfte des 13. Jahrhunderts v. Chr. von den Menschen verlassen wurden. Diesem Niedergang folgte zu Beginn des 12. Jahrhunderts v. Chr. die Zerstörung der großen Zentren wie Mykene, Tiryns, Dendra und Krisa; eine ganze Reihe anderer wurden von den Bewohnern aufgegeben. Kleinere Provinzen wie Prosymna brannten nieder oder wurden verlassen. Es gibt Anhaltspunkte dafür, daß sich der großräumige Verfall im Gefolge der Auswirkungen einer weiter entfernten Katastrophe vollzog, die nicht nur die mykenische Welt, sondern auch weite Teile des östlichen Mittelmeerraums vom Nahen Osten bis nach Italien in Mitleidenschaft zog. An den Küsten Kleinasiens, im Nahen Osten und in Nordafrika gerieten die Kulturen der Bronzezeit ins Wanken. Das ägyptische und das hethitische Reich hatten seit dem frühen 13. Jahrhundert v. Chr. an Macht verloren.

Infolge dieser Entwicklungen lösten sich die starren Grenzen auf. Im Inland wechselten Stämme ihre Territorien, und verzweifelte,

Wie vor ihnen die Minoer errichteten die Mykener rund um das Mittelmeer Kolonien und Handelskontore. Im 14. und 13. Jahrhundert v. Chr. reichte ihr Einfluß bis nach Süditalien, Zypern, Kleinasien, Syrien und Ägypten. Die goldenen Punkte markieren die mykenischen Paläste auf dem griechischen Festland, die roten ihre Siedlungen in der Ägäis; blaue Punkte sind Orte, an denen mykenische Artefakte gefunden wurden. Grüne Punkte schließlich stellen von den Mykenern betriebene Handelsposten dar.

vom Hunger oder dem Druck der Übervölkerung getriebene Menschen wanderten in Wellen vom Balkan und aus Transkaukasien ab und zogen südwärts durch das Land der Hethiter und die kanaanitische Küste entlang zur ägyptischen Küste. Sie kamen auf dem See- und Landwege, plünderten die Städte und vernichteten die Handelszentren. Zur gleichen Zeit fielen die sogenannten Seevölker ein, deren Identität zu den großen Rätseln der Späten Bronzezeit gehört. Die Seevölker gehörten keiner einheitlichen Kultur, geschweige denn einem einheitlichen Volk an, sondern setzten sich aus verschiedenen ethnischen Gruppen zusammen, die aus ihrer Heimat vertrieben und zum Teil locker mit den Großmächten verbündet waren. Jahrelang terrorisierten sie die Küstengewässer und Seestraßen des östlichen Mittelmeers.

Vielleicht waren es die Seevölker, gegen deren Ansturm entlang dem Küstenstreifen rund um Pylos gewissen Verteidigungsmaßnahmen getroffen wurden, wie die Schreiber des Palastes auf Schrifttafeln festhielten. Nach allgemeiner, aber nicht unwidersprochener Auffassung befand sich Pylos zu der Zeit, in der die Texte verfaßt wurden, in einem Zustand der erhöhten militärischen Bereitschaft. Die Gefahr lauerte offenbar auf See, obwohl nirgendwo nachzulesen ist, um was für eine Bedrohung es sich handelte. Entlang der über 150 Kilometer langen Küste waren Verteidigungsposten eingerichtet worden. Die Tontafeln geben teilweise Ortsnamen mit der Zahl der Wachtposten (etwa 800 Mann) und Ruderer (etwa 600 Mann) wieder, die zum Dienst in der Flotte herangezogen werden konnten.

Die Anweisungen können aber auch als Order zur Stationierung von Kriegern interpretiert werden, die mehrheitlich in der unmittelbaren Umgebung des Palastes konzentriert waren und zum Teil unter dem Kommando der Offiziere des königlichen Hofes an die Küste und in die ferneren Distrikte verlagert werden sollten. Diese Hinweise auf militärische Verteidigungsmaßnahmen deuten an, daß im Lande der militärische Notstand ausgerufen worden war.

Dennoch ist es kaum wahrscheinlich, daß eine Ursache allein für den Zusammenbruch der mykenischen Welt verantwortlich war. Denkbar ist vielmehr eine Reihe von Umständen, die zusammenkamen. Überfälle von Banditen auf See und an Land sowie blutige Unruhen an der Peripherie der mykenischen Welt könnten die Handelsverbindungen zwischen dem mykenischen Griechenland und dem Osten so nachhaltig gestört haben, daß der Warenfluß zum Erliegen kam, der Nachschub an wichtigen Rohstoffen wie Zinn und Kupfer versiegte und die zentralisierte Wirtschaft in den großen Palästen in Schwierigkeiten geriet. Die Unterbrechung des Außenhandels wäre vielleicht nicht so schwerwiegend gewesen, hätte nicht gleichzeitig die Bevölkerung Mykenes, die versorgt werden wollte, einen Höchststand erreicht. Ausbleibende Rohstoff- und Nahrungsmittelimporte müssen mit Sicherheit in eine Krise geführt haben. Und während der Hunger wuchs, haben vielleicht anhaltende Mißernten dafür gesorgt, daß die für Notzeiten gespeicherten Rationen immer kleiner wurden, so daß das Volk nicht einmal mehr das Nötigste an Nahrung erhielt und die industrielle Produktion sowie der davon abhängige Handel zusammenbrach.

Falls die Palastbeamten unfähig waren, die Krise zu bewältigen, war ein Machtverlust der Regierenden unvermeidlich. Ohne die übliche Lenkung aus den Palästen, von der sie abhängig waren, dürften lokale Verwaltungen kaum imstande gewesen sein, die Situation zu meistern. Da eine Besserung nicht abzusehen war, schienen Überfälle auf reichere Nachbarregionen unvermeidlich. „Ein Angriff auf eine nahe gelegene Stadt konnte die Lage vorübergehend verbessern", schrieb der Archäologe Philip Betancourt, „doch er machte weitere Menschen heimatlos und verschärfte das allgemeine Desaster, indem er den Handel unterbrach und noch größere Not verursachte." Seiner Ansicht nach „blieb als einzige Alternative die Flucht in andere Regionen, wobei Überfälle und Zerstörungen an den Küsten die natürliche Folge waren".

Die drei Gefäße oben zeigen beispielhaft die Unterschiede und die Ähnlichkeiten in der minoischen und der mykenischen Keramik. Sowohl ihre Formen als auch das Motiv des Dekors, der Tintenfisch, waren im späten Bronzezeitalter in der Ägäis weit verbreitet. Das vielarmige Meerestier eignete sich besonders zur Verzierung von Vasen und tauchte als Motiv zuerst auf entsprechenden Gefäßen aus Kreta auf. Der minoische Krug (Mitte) weist ein relativ wirklichkeitsgetreues Abbild mit gewundenen Tentakeln auf. Der Krug links läßt die mykenische Tendenz zu größerer künstlerischer Formenstrenge erkennen. Auf dem Krater rechts, einem Mischgefäß aus dem mykenischen Zypern, ist der Schritt zur Abstraktion fast vollständig vollzogen.

Da man die Gründe nicht kennt, bleibt lediglich als Faktum festzuhalten, daß zwischen 1250 und 1190 v. Chr. das mykenische System der Palastregierung einen mehr oder minder plötzlichen Tod erlitt und für immer verschwand, während die postpalatiale Kultur, die übrigblieb, langsam dem Untergang entgegendämmerte.

Mit dem Ende der großen Paläste verschwanden die Tischler, Steinmetze, Schreiber, Freskenmaler, Elfenbeinschnitzer und Steinschneider ebenso wie ihre Kunst. Beginnend mit dem frühen 13. Jahrhundert v. Chr. ging der gemeinsame mykenische Stil in der Keramik allmählich verloren, und im 12. Jahrhundert entstanden zunehmend charakteristische regionale Varianten.

Innerhalb von 50 Jahren vollzog sich in der mykenischen Welt ein unumkehrbarer Wandel: Eine Akropolis nach der anderen wurde verlassen. Obwohl das Festland nicht völlig entvölkert zurückblieb, scheint die Mehrheit der Überlebenden dem Inland den Rücken gekehrt und sich in eine mykenische Diaspora an den äußeren Grenzen der griechischen Welt, an der Küste und auf den Inseln, begeben zu haben.

In das verwahrloste, führerlose Land drängten in Gruppen aus dem gebirgigen, barbarischen Norden rückständigere Menschen mit geringeren Fähigkeiten und Ansprüchen nach. Es waren vermutlich die in späteren Sagen erwähnten Dorer. Auch sie sprachen einen griechischen

Dialekt, waren kulturell den hochentwickelten Mykenern, über deren Äcker sie zogen, jedoch weit unterlegen. Sie lagerten in den Ruinen der verlassenen Paläste und trieben ihr Vieh in die kyklopischen Gemäuer einer todgeweihten Zivilisation: So übernahmen die neuen Bewohner die einst so große mykenische Welt nicht mit Waffengewalt, sondern durch physische Inbesitznahme – jedenfalls haben Archäologen keine Brände oder Zerstörungen zur Zeit ihrer Ankunft nachweisen können. Die Dorer haben den Kollaps des mykenischen Reiches nicht verursacht; sie nutzten lediglich die Umstände, die dazu führten. Soweit Archäologen bis heute wissen, hinterließen sie, von einer einfachen polierten Keramik einmal abgesehen, keine nachweisbaren Spuren.

Das Verschwinden der Mykener im 11. Jahrhundert v. Chr. markierte das Ende der Bronzezeit und den Beginn der Eisenzeit. Über das Festland und die griechischen Inseln brach das dunkle Zeitalter herein, das 400 lange Jahre dauern sollte. Die mykenischen Überlebenden verloren ihre kulturelle Identität, so daß mit der Zeit die Erinnerung an die Mykener, ihr Aussehen, ihre Kleidung und ihre Sprache unterging.

Materiell haben die Mykener der Nachwelt wenig hinterlassen, sieht man von den Ruinen ihrer Burgen mit Befestigungen, Toren und kyklopischen Mauern sowie ihren Gräbern, vor allem den großen Kuppelgräbern ab, die spätere Bewohner teilweise mitsamt Inhalt entdeckten. Vielleicht haben sie sogar Genealogien ihrer wichtigsten Familien weitergegeben, die in die griechische Sagenwelt eingingen.

Wichtiger als das materielle war das geistige Erbe, das die Griechen von den Mykenern und Minoern übernahmen. Es waren Elemente ihrer Religion, die im klassischen Griechenland zu wichtigen Pfeilern der Kultur werden sollten, und vor allem ihre Sprache, die vermutlich in Form von Versen, Mythen und Legenden tradiert wurde. Sie sollten das Fundament eines großen Teils der Literatur und Kunst der klassischen Kultur bilden, die im Gefolge der Mykener zu hoher Blüte gelangte – und den Ausgangspunkt der Kultur des ganzen Abendlandes bildete.

In den Jahren des dunklen Zeitalters unterblieben, in Ermangelung einer Schrift, Aufzeichnungen. Dessenungeachtet hielten Erzähler und wandernde Sänger die Erinnerung an die mächtigen, aber fernen Mykener wach. Die mündlich überlieferten Verse wurden von Generation zu Generation weitergegeben, und mit ihnen das Gedenken nicht nur an die Ruhmestaten, sondern auch an Namen und Orte aus verschwommener mykenischer Vergangenheit. Im 8. Jahrhundert v. Chr. sollte Homer diese vagen Erinnerungen – verändert und mit Mythen der Götterwelt verwoben – in wunderbaren Epen niederschreiben. Sie und der große Komplex der griechischen Mythologie blieben lange der einzige archäologische Zugang zum goldenen Zeitalter der Mykener.

EINE GELUNGENE BERGUNGSAKTION

Vor rund 3300 Jahren segelte ein zwölf Meter langes Handelsschiff die türkische Südküste entlang in Richtung Westen mit Kurs auf die Ägäis. Es folgte der üblichen Handelsroute, die rund um das östliche Mittelmeer führte, und hatte Glasbarren und aromatische Harze aus Kanaan, Zinn aus Syrien und etwa 9000 Kilogramm Kupfer in Barrenform aus Zypern geladen.

Plötzlich schlug der Wind um, ein Ereignis, mit dem niemand rechnen konnte. Das Schiff wurde auf die Felsen eines Kaps getrieben, das heute Ulu Burun heißt. Es war stark gebaut, doch die fünf Zentimeter dicken Fichtenholzplanken konnten den Wellen nicht lange standhalten. Das Schiff schlug leck und sank fast unverzüglich auf den stark abfallenden Meeresboden, auf dem es in 50 Meter Tiefe liegenblieb. Nach und nach fraßen sich Bohrwürmer durch den Rumpf, und heraus fielen kostbare Hölzer, die für Möbeltischler gedacht waren, Bronzemeißel, Bohrköpfe und Äxte, Barren, mehrere Rasiermesser aus Bronze und neun mannshohe Vorratskrüge, von denen einer randvoll mit Granatäpfeln gefüllt war. Ob von den Seeleuten jemand das Unglück überlebte, ist unbekannt.

Über 3000 Jahre vergingen. Nichts störte die Ruhe des Wracks in der Tiefe, es sei denn, daß ein byzantinisches Schiff an der Stelle vor Anker ging und ihn verlor, weil er sich in einem der Barrenstapel verfing. 1982 kam ein türkischer Schwammtaucher namens Mehmet Çakir mit der Nachricht an die Oberfläche zurück, er habe Gegenstände gesehen, die er später als „Metallkekse mit Ohren" beschrieb. Sein Kapitän, von Archäologen des Institute of Nautical Archaeology (INA) der Texas A & M University instruiert, auf was er bei Tauchgängen zu achten habe, reagierte sofort. Er wußte, daß Çakir in Wahrheit antike Barren in der typischen Fliesform entdeckt hatte; eins davon ist oben zu sehen. Wenig später waren Taucher des INA vor Ort, um die Fundstätte zu photographieren und zu skizzieren. 1984 begann die Bergungsaktion. Das Projekt zog sich über Jahre hin, doch war von Anfang an klar, daß die Entdeckung eine Fülle an Erkenntnissen versprach. „Genau davon träumt jeder Archäologe", sagte der Leiter des Instituts, George F. Bass, als er die ersten Aufnahmen von dem ältesten Wrack der Welt erhielt. Vielleicht ahnte er bereits, wie langwierig und gefährlich die Bergung werden sollte.

DIE ARBEIT DER TAUCHER IN GEFÄHRLICHEN TIEFEN

Das Meer mochte die Geheimnisse, die es so lange bewahrt hatte, nicht ohne weiteres preisgeben. Teile der verstreuten Ladung lagen bis zu 58 Meter unter der Oberfläche – das entspricht etwa der Höhe eines 19geschossigen Hauses. Beim Tauchen in solchen Tiefen kann es durch schnelle Veränderungen des Wasserdrucks zu Tiefenrausch mit Bewußtseinsstörungen oder sogar zur Taucherkrankheit kommen. „Alle 15 Meter wirken wie ein Martini-Cocktail", erläuterte Bass anschaulich.

Um das Risiko für seine Leute so gering wie möglich zu halten, beschränkte Bass die Arbeitszeit auf dem Meeresgrund auf 20 Minuten. Das Forschungsschiff der INA war zur weiteren Sicherheit mit einer Dekompressionskammer mit Ein- und Ausstiegsschleuse ausgerüstet. Als eines der ersten Teile wurde eine sogenannte „Telephonzelle" abgesenkt, eine Kuppel aus Plexiglas, die Tauchern Schutz in Notfällen und die Möglichkeit bot, sich mit dem Schiff in Verbindung zu setzen.

Das 19,80 Meter lange Forschungsschiff des INA, die „Virazon", liegt über dem Wrack. Sie versorgt die Taucher mit Strom, einer Sprechverbindung und Druckluft.

Wenig später landete die Ausrüstung mit Kameras zur „stereophotogrammetrischen Aufzeichnung" der Fundstätte auf dem Meeresboden. Es ging darum, die Lage eines jeden Gegenstandes vor der Bergung genau festzuhalten, da sie später von Nutzen sein konnte, wenn sich historisch relevante Fragen ergaben. Die Taucher hatten außerdem Unterdruckrohre zum Absaugen von Schwebstoffen zu ihrer Verfügung und luftgefüllte Ballons, mit denen schwere Gegenstände an die Oberfläche gebracht wurden. Trotz der technischen Ausrüstung geriet die Bergung zur geduldigen Knochenarbeit. So zum Beispiel konnten die Taucher ihre Druckluftmeißel nicht gebrauchen, sondern mußten Gegenstände vorsichtig von Hand freischlagen. In einem Fall brauchten drei Taucher gute zwei Monate, um eine Fläche von knapp zwei Quadratmetern freizulegen.

Donald Frey, der Photograph der Mission, justiert eine Kamera zur Bildaufzeichnung des Wracks. Das starke Gefälle des Meeresbodens zwang die Archäologen später, auf herkömmliche Aufzeichnungsverfahren mit Senkblei und Maßband zurückzukehren.

An einem Ballon wird ein etwa 27 Kilogramm schwerer Kupferbarren in Fliesform auf die Reise zur Oberfläche geschickt. Das Gewicht entsprach der im 14. Jahrhundert v. Chr. üblichen Maßeinheit von einem Talent.

EIN ARCHÄOLOGISCHER UND MATERIELLER SCHATZ

Schon bei den ersten Tauchgängen zu dem Wrack zeigte sich, daß der Verlust des Schiffes bei Uru Burun für die Eigner der Fracht ein schwerer finanzieller Schlag gewesen sein muß. Die Ladung bestand im wesentlichen aus kostbaren Rohstoffen, darunter vor allem Kupfer und Zinn, den beiden Bestandteilen der Bronze, die einem ganzen Zeitalter den Namen verliehen hat.

Die rund neun Tonnen Kupfer, die das Schiff transportierte, hätten, mit Zinn legiert, ausgereicht, um ein 500köpfiges Heer nicht nur mit Bronzehelmen und Brustschutz, sondern auch mit 5000 Speerspitzen und 5000 Bronzeschwertern auszurüsten. Der Frachtraum enthielt neben dem Kupfer eine knappe Tonne Zinn.

Das Metall wurde in Barren verschifft, die zum größten Teil die Form eines Flieses hatten; man nimmt an, daß sie entwickelt wurde, weil sie für den Landtransport auf dem Rükken von Lasttieren die geeignetste war. Vermutlich hatten sowohl das Kupfer als auch das Zinn schon einen langen Landweg hinter sich: erstes von den zyprischen Bergen zum Hafen, letzteres aus dem fernen Afghanistan an die syrische Küste.

Weite Wege hinter sich hatten auch die übrigen Rohstoffe an Bord: ein schwarzes, ebenholzartiges Holz aus dem tropischen Afrika und Bernstein aus Nordeuropa sowie Ebenholz, Harz und Glas, die die Abbildungen hier zeigen.

Vorsichtig entfernt ein Taucher den harten Muschelbewuchs von einer Reihe Kupferbarren. Um zu verhindern, daß die Platten auf dem schlingernden Schiff verrutschten, hatten die Seeleute sie schindelartig in Lagen gestapelt. Die Korrosionsschäden, die die lange Zeit unter Wasser verursacht hat, zeigen die zwei Zinnbarren (einmontierte Photos).

Harte gelbliche Klumpen sind von dem zähen Harz der Terpentin-Pistazie übriggeblieben, das in dieser kanaanitischen Amphore auf die Reise gegangen war. Über hundert solcher Gefäße mit einem Fassungsvermögen von etwa einem Liter wurden gefunden. Das Schiff hatte fast eine Tonne des aromatischen Harzes geladen, das vermutlich zu Parfüm und Räucherdüften weiterverarbeitet werden sollte und entsprechend kostbar war.

Unbearbeitetes Elfenbein wie dieses über 20 Zentimeter lange Stück von einem Elefantenstoßzahn und insgesamt 13 Nilpferdzähne dürften aus Syrien gestammt haben. Aus Elfenbein fertigten kundige mykenische Handwerker in ihren Werkstätten Figurinen, Schmuck und kleine Gebrauchsartikel wie Töpfchen für Cremes und andere Kosmetika an.

Im Lande Kanaan an der östlichen Mittelmeerküste, auf dessen Boden die heutigen Staaten Syrien, Libanon und Israel liegen, entstanden diese Glasbarren mit einem Durchmesser von knapp 13 Zentimetern, die ältesten, die man kennt. Das Glas ist mit Kobalt blau gefärbt und chemisch identisch mit blauen Glasperlen aus Mykene und Flaschen aus Ägypten

Unter den ersten Artefakten aus Bronze, die geborgen wurden, befand sich ein stark verkrusteter, 33 Zentimeter langer Dolch. Wie sich herausstellte, war er irgendwann im 2. Jahrhundert v. Chr. in Kanaan geschmiedet worden. Gegenstände wie dieser lassen meistens Rückschlüsse auf die Nationalität eines archäologisch interessanten Schiffsfundes zu. In diesem Fall jedoch warf der jahrtausendealte Dolch nur weitere Fragen auf.

Im Umkreis des Wracks lagen nämlich Waffen und Werkzeuge, die nachweislich zyprischer, mykenischer, kanaanitischer und ägyptischer Herkunft waren. Und es war nicht zu entscheiden, ob es sich um Handelswaren, den persönlichen Besitz von Passagieren beziehungsweise Seeleuten oder Teile der regulären Ausstattung des Schiffes mit Waffen und Zimmermannswerkzeugen handelte.

Andererseits hat man aus den Gegenständen einiges an Wissen über die Handelsverbindungen in der Bronzezeit gewinnen können. Wissenschaftler gehen davon aus, daß die Handelsschiffe das Mittelmeer entgegen dem Uhrzeigersinn umrundeten. Ihre Route führte sie von Syrien beziehungsweise Palästina nach Zypern, dann durch die Ägäis, von dort gelegentlich bis zum fernen Sardinien und weiter nach Nordafrika und Ägypten. Die unterschiedliche Herkunft der Bronzegegenstände und der Fracht kann als Indiz für ein kosmopolitisches Handelsnetz gewertet werden, das über die Häfen hinaus weit ins Innere von Europa, Zentralasien und Afrika hineinreichte.

Was die Bronzewaffen betraf, so wurden sie vielleicht an Bord genommen, um Angriffe von Piraten abzuwehren, die die Meeresstraßen unsicher machten. Und die Werkzeuge aus Bronze gehörten wohl zu der Art, mit der man damals Schiffe baute.

Auf dem Kupferbarren angeordnet sind von links nach rechts ein Dolch, das gleiche Schwert wie unter dem großen Photo gegenüber, eine Sichel, zwei Speerspitzen und ein Rasiermesser aus Bronze. Die Reihe darunter zeigt etliche Axt- und Beilklingen sowie Meißel und einen Bohrkopf aus Bronze.

Der Archäologe Faith Henschel birgt ein knapp 46 Zentimeter langes kanaanitisches Schwert vom Meeresboden, das von Ablagerungen dick verkrustet ist. Das Schwert (kleines Photo oben) wurde in einem Stück gegossen und weist am Griff Einlegearbeiten aus schwarzem afrikanischem Holz und Elfenbein auf. Das andere Schwert (kleines Photo unten) mit gerillter Klinge und dem Grifflansch ist typisch mykenisch. Das fehlende Heft war angenietet.

GLÄNZENDES GOLD ZWISCHEN KOSTBAREN KERAMIKEN

Als das Wrack auseinanderbrach, rissen sich etliche mannshohe Tongefäße aus ihren Befestigungen und sanken taumelnd auf den Grund des Meeres. George Bass, der solche Pithoi von ägyptischen Schiffsdarstellungen kanne, nahm an, daß die Seeleute in ihnen Wasser mitgeführt hatten. Doch als man ihn an die Oberfläche hieven wollte, neigte sich ein Pithos, und zur Überraschung der Taucher fielen Keramikscherben aus seiner Öffnung. Vorsichtig barg man 18 Objekte – Schalen, Lampen und Krüge –, die sauber in einzelnen Lagen verstaut waren. Die Keramiken erbrachten den Nachweis über einen Abschnitt der geheimnisvollen Route des Schiffes. „Dieses Schiff kam definitiv aus Zypern", befand Bass mit Blick auf die asymmetrische Machart, die auf das Fehlen von Töpferscheiben auf Zypern zurückzuführen war.

Die nächste große Überraschung brachte ein Taucher, der unter dem Beifall seiner dichtgedrängten Kollegen an Bord der *Virazon* erklärte, er habe einen Goldpokal entdeckt. Dieser Fund konnte bedeuten, daß das Schiff vielleicht im Auftrag eines Fürsten unterwegs gewesen war – eine Möglichkeit, die in Anbetracht der großen Menge militärisch nutzbarer Bronze ohnehin in Betracht gezogen werden mußte. Interessanter als den Goldpokal fanden die Archäologen jedoch einen einfachen Keramikbecher. Während sich ersterer weder zeitlich noch geographisch zuordnen ließ, war der Stil des Bechers eindeutig mykenisch. Das bedeutete, daß er in der Ägäis entstanden war, und zwar vermutlich im 14. Jahrhundert v. Chr. Dies lieferte den ersten Hinweis auf den Zeitpunkt des Schiffsunglücks.

Aus dem großen Pithos kommt ein kleiner Krug zum Vorschein. Das Vorratsgefäß war in 33 Jahrhunderten so mit Muscheln bewachsen und sedimentverkrustet, daß die Taucher ihn anfangs für einen Stein hielten.

An der Fundstelle hebt Bergungsleiter Cemal Pulak (unten) eine Flasche und den Becher auf, der links gesondert abgebildet ist. Der Goldpokal, unten links einmontiert, liegt halb begraben neben einer größeren Amphore.

In seiner Schlichtheit ebenso schön wie der Goldpokal darunter ist der zweihenkelige Becher aus Keramik, dessen rote Bemalung in den langen Jahren am Meeresboden weitgehend abgeschliffen ist. Die beiden Gefäße, eines für den täglichen Gebrauch, das andere vermutlich für kultische Zwecke bestimmt, lagen seltsamerweise nebeneinander. Der Pokal besteht aus zwei trichterförmigen Teilen, die unter einer Verkleidung vernietet sind.

Noch nie hat die Bergung eines Schiffswracks die Zeit der Archäologen so lange in Anspruch genommen wie in diesem Fall: In neun Jahren verzeichnete man rund 20 000 Tauchgänge mit einer Gesamttauchzeit von fast 5500 Stunden. Geborgen wurden dabei fast 4000 Artefakte und 10 000 weitere Objekte von Samen bis Keramikscherben. Jedes Teil trug auf seine Weise dazu bei, das Fenster in die Vergangenheit ein Stück weiter aufzustoßen.

Der Goldfalke gegenüber stammt vermutlich aus dem Kanaan des 14. vorchristlichen Jahrhunderts. Das Rollsiegel aus Hämatit und sein Abdruck darunter lehren, wie überholte Gegenstände weiterverwendet wurden. Wie auf dem Abdruck zu sehen, blicken sich über den Kopf eines kleinen Priesters hinweg ein König und eine Göttin an; dieser Teil wurde um 1750 v. Chr. von einem babylonischen Handwerker geschnitten. Vier Jahrhunderte später fügte man den Krieger und das greifartige Wesen im assyrischen Stil hinzu, so daß das Siegel benutzbar blieb.

Unten rechts ist einer der wertvollsten Funde zu sehen: ein Diptychon mit Scharnieren aus Elfenbein. Zwischen den Deckeln aus Holz befand sich ursprünglich Wachs, das mit einem Griffel beschriftet wurde. Das bis dahin älteste Buch dieser Art datierte aus dem 8. Jahrhundert v. Chr.

Ähnlich große Aufmerksamkeit erregte der Goldskarabäus unten, der in Hieroglyphen den Namen der Königin Nofretete trägt. Es war der erste Gegenstand, den man je in Kleinasien oder der Ägäis gefunden hat, der ihren oder den Namen ihres Gemahls, des Ketzerkönigs Echnaton, aufwies.

Der Skarabäus mit der Inschrift „Nofretete" (oben) ist etwa zwei Zentimeter groß und der einzige bisher bekannte Goldskarabäus der berühmten Königin. Damit so kleine Artefakte nicht beschädigt wurden oder verlorengingen, mußten die Taucher vorsichtig mit Pinsel und Saugrohr umgehen. Links wird ein Goldanhänger in Form eines Horns freigelegt.

Die kleinen Artefakte auf dieser Seite machen deutlich, wie schwierig die Arbeit für die Archäologen auf dem Meeresboden war. Die Spannweite des Goldfalken (rechts) beträgt etwa sechs Zentimeter. Das Rollsiegel (Mitte) ist knapp drei Zentimeter hoch. Und beide Seiten des Diptychons (unten), obgleich etwa 20 Zentimeter hoch, waren in 25 Teile zerfallen und befanden sich in einem Pithos voller Sand und Granatapfelresten.

DIE GESCHICHTE EINER WUNDERBAREN INSELWELT

Die griechische Mythologie berichtet von König Aigeus von Athen und seinem Sohn Theseus, der nach Kreta segelt, um den Minotaurus zu töten. Als Theseus siegreich zurückkehrt, vergißt er, das verabredete Zeichen zu geben. Aigeus, tief betrübt über den vermeintlichen Tod seines Sohnes, stürzt sich von der Akropolis in das fortan nach ihm benannte Ägäische Meer. Dieser Teil des Mittelmeeres, seine Inseln und Küsten, die sich von Griechenland bis nach Kleinasien erstrecken, waren Schauplatz der Entwicklung einiger großer bronzezeitlicher Kulturen, die nach ihrem Untergang in antiken Sagen und Mythen weiterlebten.

Die Spuren der ägäischen Kulturen reichen zurück bis in die Jungsteinzeit, in der sich zwischen 6000 und 4000 v. Chr. große Umwälzungen vollzogen. Die Menschen in der Region lernten den Anbau von Kulturpflanzen und wurden zunehmend seßhaft. Gleichzeitig wuchs der Bedarf an Obsidian zur Herstellung scharfer Gerätschaften und Waffen. Das glasartige Ergußgestein bildete den Reichtum der Insel Melos und führte zum Aufblühen des Seehandels, der ägäische Händler aller Wahrscheinlichkeit nach in Kontakt mit Errungenschaften und Vorstellungen der mächtigen, schriftkundigen Kulturen Mesopotamiens und Ägyptens brachte. Um 3000 v. Chr. hatten die Bewohner dieser fruchtbaren Flußtäler begonnen, Stadtstaaten zu errichten; zu ihren Leistungen zählten Fortschritte in der Metallurgie, eine monumentale Architektur und Gesellschaftssysteme mit klar definierten sozialen Klassen. Obwohl von diesen Entwicklungen zweifellos beeinflußt, sollten die aufstrebenden ägäischen Kulturen mindestens 1000 Jahre brauchen, um einen ähnlichen Stand zu erreichen.

Im Verlauf der 2500jährigen Bronzezeit, die in eine Frühe, Mittlere und Späte Periode eingeteilt wird, traten in den verschiedenen geographischen Räumen der Ägäis separate, aber verwandte Gruppen hervor. Es waren die kykladische Kultur auf den gleichnamigen Inseln des Mittelmeeres, die westkleinasiatische Kultur um Troja, die minoische Kultur auf Kreta und die helladische Kultur auf dem griechischen Festland. Jede von ihnen hatte ihre eigene Glanzzeit und beeinflußte auf ihrem Höhepunkt die anderen. Mit der Frühen Bronzezeit werden in der Archäologie im allgemeinen die kykladische und die westkleinasiatische, mit der Mittleren Bronzezeit die minoische und mit der Späten Bronzezeit die helladische beziehungsweise mykenische Kultur gleichgesetzt.

FRÜHE BRONZEZEIT
3500 – 2000 v. Chr.

KYKLADISCHER MARMORKOPF

Durch ihre Lage in der südlichen Ägäis waren Kreta und die Kykladen geradezu prädestiniert, von den dramatischen Wandlungen zu profitieren, die sich zu Beginn der Bronzezeit in ihrer Umwelt vollzogen. Ägypten stand an der Schwelle der Reichsgründung und hatte bereits ein hohes Maß an kultureller Reife erreicht. Während die Seefahrer aus der Ägäis, die Träger der jungsteinzeitlichen Obsidianhandels, das Netz ihrer Handelsrouten nach und nach weiter ausdehnten, fungierten sie als die Mittler der neuen Ideen, die sie auf ihren Fahrten von Insel zu Insel trugen.

Ungeachtet dieser Verbreitung eines gemeinsamen Gedankenguts entwickelten sich die einzelnen Gesellschaften relativ eigenständig, wie archäologische Funde immer wieder belegen. Die befestigten Mauern von Troja zum Beispiel und die Schätze, die sich hinter ihnen verbargen, zeigen, daß sich hier eine starke politische Gemeinschaft bildete. Demgegenüber beruhte die Entwicklung auf den Kykladen offenbar auf künstlerischen und technischen Fortschritten. Die Metallbearbeitung, der Eckpfeiler der ägäischen Kultur, stand in hoher Blüte, und die Marmorskulpturen von den Kykladen, Köpfe von eindringlicher Schlichtheit und Strenge *(oben)*, entsprachen dem höchsten Stand der Ästhetik, der sich in dieser Zeit im ägäischen Raum herausbildete.

Die Ankunft der Indoeuropäer nach 2000 v. Chr. leitete ein neues Zeitalter im ägäischen Raum ein. Die Vernichtung alter Siedlungen und das Aufkommen eines neuen Stils in der Keramik und Architektur und sowie ein Wandel in der Bestattungspraxis deuten auf einen gewaltsamen Umbruch hin. Für diese Annahme spricht auch der Einzug einer neuen Sprache, eines Vorläufers des Griechischen. Bei Ausgrabungen auf dem Festland und den nahen Inseln hat man festgestellt, daß alle Kulturen eine Zeit des allgemeinen Niedergangs erlebten, von dem sie sich erst in mykenischer Zeit erholen sollten.

MITTLERE BRONZEZEIT
2000 – 1600 v. Chr.

MINOISCHER STIERKOPF

Von den Umwälzungen in ihrer Welt unberührt, blühte die nach dem legendären König Minos benannte Kultur auf Kreta. Als erste in der Ägäis schufen die Minoer ein bleibendes Vermächtnis, das dem anderer vergangener Hochkulturen vergleichbar ist. Ihr Leben konzentrierte sich auf die Paläste, deren erste um 1900 v. Chr. auf Kreta errichtet wurden. Die Anlage der Bauten spricht für eine reiche, sozial gegliederte städtische Gesellschaft, die sich durch eine umfassende Bürokratie, einen hochentwickelten religiösen Kult und eine klare Arbeitsteilung in der handwerklichen Produktion auszeichnet. Auf die Anstrengung des Wiederaufbaus der durch Erdbeben und Brandkatastrophen mehrfach beschädigten Paläste um 1700 v. Chr. folgt das sogenannte Goldene Zeitalters der minoischen Zivilisation.

Innerer und äußerer Frieden sowie Wohlstand bildeten die Grundlage für die Vorherrschaft und den Einfluß des minoischen Kreta im östlichen Mittelmeerraum, der über viele Jahrhunderte spürbar blieb. Zu den kulturellen Beiträgen gehörten technische und metallurgische Fortschritte sowie neue Formen der Verwaltung. Darüber hinaus bedienten sich die Minoer eines Schriftsystems auf der Basis von Ideogrammen und Hieroglyphen, das später durch die noch nicht entzifferte Linearschrift A abgelöst wurde. Ihr wohl unvergänglichstes Erbe aber hinterließen die Minoer in der Kunst. In zeitlosen Meisterwerken verewigten kretische Maler und Skulpteure die Schönheiten der sie umgebenden Natur, ihre kultischen Feste und ihre religiösen Symbole wie den Stier *(oben)*.

Überall in der Ägäis und im östlichen Mittelmeer wurde die minoische Kunst bewundert und kopiert, vor allem in der Stadt Akrotiri auf der nahen Insel Thera. So gesehen gehört es zu den Ironien der Geschichte, daß, wie man vermutet, der Vulkanausbruch auf Thera um 1600 v. Chr. die Minoer entscheidend schwächte, so daß ihr Ende unvermeidlich war.

SPÄTE BRONZEZEIT
1600 – 1050 v. Chr.

MYKENISCHER SIEGELRING

Dem verheerenden Vulkanausbruch auf Thera folgten Erdbeben und weitere Naturkatastrophen, die in Verbindung mit einer Invasion zur völligen Vernichtung der kretischen Paläste führten. Lediglich der Palast von Knossos blieb vom Untergang verschont. Gleichzeitig entstand aus der Verschmelzung der minoischen und helladischen Kultur auf dem Festland eine neue politische Einheit, die heute den Namen ihrer mächtigsten Burg, Mykene, trägt.

Die mykenische Zivilisation trug eindeutig militaristische Züge. Starke Befestigungen umgaben die Städte, und in der Kunst herrschten Schlacht- und Jagdszenen vor. Im Kampf um die Vorherrschaft unterlagen die Minoer den Festlandbewohnern, die nicht nur den Palast von Knossos, sondern auch die Handelsbeziehungen und die Schrift der Kreter übernahmen. Linear B ist die mykenische Version des minoischen Schriftsystems auf der Basis der griechischen Sprache.

Mächtige und machtbewußte Könige horteten ein Vermögen an Gold und Silber, das ihnen, wie der Ring oben, mit ins Grab gegeben wurde. Die Bestattungspraxis entsprach anfangs der der mittelhelladischen Kultur: Ranghohe Verstorbene beerdigte man in Schachtgräbern, die in separaten Bezirken angelegt und aufwendig ausgestattet wurden. An die Stelle der Schachtgräber traten später große Kuppelbauten, die sogenannten Tholoi, die zu den großen Errungenschaften der mykenischen Baukunst zählen.

In der Späten Bronzezeit beherrschten die Mykener die Ägäis, doch zeigen sich, wie in der ihnen vorausgegangenen minoischen Kultur, Anzeichen des Niedergangs. Das Ergebnis war der totale Zusammenbruch, wobei sich die Fachwelt über die Ursachen – interne Kämpfe, Invasionen und Natur- beziehungsweise Umweltkatastrophen – nicht einig ist. Die prähistorischen Reiche der Ägäis sanken in Vergessenheit, bis Homer sie 300 Jahre später in seinen Epen verherrlichte.

DANKSAGUNG

Für ihre Hilfe bei der Vorbereitung dieses Bandes danken die Herausgeber folgenden Personen und Institutionen:

Manfred Bietak, Österreichisches Archäologisches Institut, Kairo; Horst Blanck, Instituto Archeologico Germanico, Rom; Wilfried Bölke, Heinrich Schliemann Museum, Ankershagen; Mike Braunlin, University of Cincinnati, Cincinnati, Ohio; Ann Brown, Ashmolean Museum, Oxford; Alice M. Cornell, University of Cincinnati, Cincinnati, Ohio; Christos Doumas, Athen; Klaus-Valtin von Eicksted, Deutsches Archäologisches Institut, Athen; Irmgard Ernstmeier, München; Klaus Goldman, Ingrid Griesa, Museum für Vor- und Frühgeschichte, Staatliche Museen Preußischer Kulturbesitz, Berlin; Maria Jacobsen, Institute of Nautical Archaeology, College Station, Texas; David Jordan, American School of Classical Studies, Athen; Klaus Junker, Deutsches Archäologisches Institut, Berlin; Heidi Klein, Bildarchiv Preußischer Kulturbesitz, Berlin; Manfred Korfmann, Hanswulf Bloedhorn, Institut für Vor- und Frühgeschichte, Tübingen; Georg Korres, Athen; Nanno Marinatos, Athen; Edith Meissner, Public Relations, Daimler-Benz, Stuttgart; Andromache Melas, Athen; Ellen Morate, Nationales Archäologisches Museum, Athen; Georgia Moschovakou, Ekdotike Athenon S.A., Athen; Cemal Pulak, Institute of Nautical Archaeology, College Station, Texas; Michael Sage, University of Cincinnati, Cincinnati, Ohio; Jannis Sakellarakis, Athen; Catherine Sease, Field Museum of Natural History, Chicago; Michael Siebler, Frankfurt; Emily Vermeule, Department of the Classics, Harvard University, Cambridge, Massachusetts.

QUELLENNACHWEIS

Die Nachweise sind bei Abbildungen von links nach rechts durch Semikolon, von oben nach unten durch Gedankenstrich getrennt.

Einband: Hintergrund Photo Hassia, nach *Naissance de l'Art Grec*, Éditions Gallimard. Kleines Bild George Farfalis, Athen. Vorsatzblätter: Illustration Malcolm Chandler. 6, 7: C. M. Dixon, Canterbury, Kent. 8: Ekdotike Athenon S.A., Athen. 10, 11: Lotos Film, Eberhard Thiem, Kaufbeuren. 12: Lotos Film, Eberhard Thiem, Kaufbeuren/Musei Capitolini, Rom. 13: Lotos Film, Eberhard Thiem, Kaufbeuren/Kunsthistorisches Museum, Wien. 14, 15: Hintergrund Lotos Film, Eberhard Thiem, Kaufbeuren. Oben rechts, National Gallery, London – Copyright British Museum, London – © Erich Lessing, Fotograf/Archäologisches Museum, Mykonos, Griechenland; Nimatallah/Ricciarini, Mailand. 16: Deutsches Archäologisches Institut, Berlin – aus *Troy and Its Remains* von Heinrich Schliemann, Benjamin Blom, New York und London, 1875. 17: Andromache Melas, Athen. 18: Antikensammlung, Staatliche Museen Preußischer Kulturbesitz, Berlin, Photo Jürgen Liepe. 19: George Farfalis, Athen. 20: George Farfalis, Athen – Library of Congress, Neg.-Nr. 214720. 21: Library of Congress, Neg.-Nr. 214720 – George Farfalis, Athen. 22, 23: Deutsches Archäologisches Institut, Athen – aus *Mycenae: A Narrative of Researches and Discoveries at Micenae and Tiryns* von Heinrich Schliemann, Scribner, Armstrong, New York, 1878. 24: George Farfalis, Athen. 25: Ekdotike Athenon S.A., Athen. 26, 27: George Korres, Athen. 28, 29: aus *The Palace of Minos at Knossos*, Bd. 1, von Sir Arthur Evans, Macmillan, London, 1921; Ashmolean Museum, Oxford. 31: Ashmolean Museum, Oxford. 32: Ekdotike Athenon S.A., Athen. 35: Deutsches Archäologisches Institut, Athen, Neg.-Nr. TROJA 543. 36: The Hulton Picture Company, London – Deutsches Archäologisches Institut, Athen, Neg.-Nr. TROJA 321. 37: Deutsches Archäologisches Institut, Athen, Neg.-Nr. TROJA 327 (oben) – 202 (unten). 38: Archiv für Kunst und Geschichte, Berlin – Deutsches Archäologisches Institut, Berlin, aus *Troja und Ilion: Ergebnisse der Ausgrabungen 1870-1894* von Wilhelm Dörpfeld, Athen, 1902. 39: Deutsches Archäologisches Institut, Athen, Neg.- Nr. TROJA 411. 40: Archives and Rare Books Department, University Libraries, University of Cincinnati – Princeton University Press und University of Cincinnati, Blegen u.a., *Troy*, Bd. 4, Teil 2, 1958, Tafel 128. 41: Princeton University Press und University of Cincinnati, Blegen u.a., *Troy*, Bd. 2, Teil 2, 1951, Tafeln 1–3. 42: © 1991 Robert A. Flischel – Lotos Film, Eberhard Thiem, Kaufbeuren. 43: Daimler-Benz, Stuttgart. 44: Ekdotike Athenon S.A., Athen. 46: Illustration von Time-Life Books. 49: Otis Imboden, © 1972 National Geographic Society. 50: Otis Imboden, © 1972 National Geographic Society – Mike Andrews/Susan Griggs Agency, London. 51: Ekdotike Athenon S.A., Athen. 53: Christos Doumas, Athen. 54, 55: Otis Imboden, © 1972 National Geographic Society (2) außer Mitte, Ekdotike Athenon S.A., Athen. 57: Christos Doumas, Athen. 59: John Bigelow Taylor, New York/Nationalmuseum, Athen (2) – John Bigelow Taylor, New York. 60, 61: Hintergrund John Bigelow Taylor, New York; John Bigelow Taylor, New York/Archäologisches Museum, Paros, Griechenland; John Bigelow Taylor, New York/Museum für Kykladische Kunst, Athen (2); John Bigelow Taylor, New York/Nationalmuseum, Athen; John Bigelow Taylor, New York/Museum für Kykladische Kunst, Athen (2). 62, 63: Ekdotike Athenon S.A., Athen; Christos Doumas, Athen. 64, 65: John Bigelow Taylor, New York/Ashmolean Museum, Oxford – John Bigelow Taylor, New York; Karte

Time-Life Books. 66: Christos Doumas, Athen – Hirmer Fotoarchiv, München. 67: Ekdotike Athenon S.A., Athen. 68, 69: Hirmer Fotoarchiv, München. 71: Nimatallah/Art Resource, New York. 72, 73:Nimatallah/Art Resource, New York; Nanno Marinatos, Athen. 74, 75: Nimatallah/Ricciarini, Mailand. 76: Ekdotike Athenon S.A., Athen. 77: Nimatallah/Ricciarini, Mailand; Hirmer Fotoarchiv, München. 78, 79: Nimatallah/Ricciarini, Mailand. 80: C. M. Dixon, Canterbury, Kent. 82-84: Otis Imboden, © 1981 National Geographic Society. 85: J.A. Sakellarakis, mit frdl. Gen. National Geographic Society. 86: Scala Florenz; Ekdotike Athenon S.A., Athen. 88, 89: P. Warren, Bristol, England. 91: Ekdotike Athenon S.A., Athen – aus *The Palace of Minos at Knossos* von Sir Arthur Evans, Bd. 3, Macmillan, London, 1930. 92: Michael Holford/British Museum, London – Ashmolean Museum, Oxford. 93: Scala, Florenz. 94: C. M. Dixon, Canterbury, Kent. 95: Prof. J.A. MacGillivray und H. L. Sackett/British School at Athens, Athen. 96: Cliché, École Française d'Archéologie, Athen. 97: Ekdotike Athenon S.A., Athen. 99: Ekdotike Athenon S.A., Athen – Otis Imboden, © 1981 National Geographic Society – Ekdotike Athenon S.A., Athen (2); Copyright British Museum, London. 100-103: Ekdotike Athenon S.A., Athen. 105: C. M. Dixon, Canterbury, Kent. 107: © Erich Lessing, Wien. 108, 109: Artephot/Nimatallah – Gordon W. Gahan, © 1978 National Geographic Society – Bildarchiv Preußischer Kulturbesitz, Berlin/Iraklion, Archäologisches Museum; Gianni Dagli Orti, Paris. 110, 111: Hintergrund aus *Crete – Archaeological and Historical Sites, Scenery, Traditional Costumes.* D. & I. Mathioulakis, Athen, Kleine Photos Ekdotike Athenon S.A., Athen (2); C.M. Dixon, Canterbury, Kent; Nimatallah/Art Resource, New York. 112, 113: Luisa Ricciarini, Mailand; Leonard von Matt; Ekdotike Athenon S.A., Athen. 114: F. H. C. Birch/Sonia Halliday Photographs, Weston Turville, Buckinghamshire – Ekdotike Athenon S.A., Athen; Gianni Dagli Orti, Paris. 115: Gordon W. Gahan, © 1978 National Geographic Society. 116: C. M. Dixon, Canterbury, Kent – Robert Frerck/Woodfin Camp & Associates, New York. 117: Gianni Dağli Orti, Paris – F. H. C. Birch/Sonia Halliday Photographs, Weston Turville, Buckinghamshire. 118: Nikos Kontos, Athen – Ekdotike Athenon S.A., Athen. 120, 121: Hirmer Fotoarchiv, München. 122, 123: Ekdotike Athenon S.A., Athen (2) – unten, University of Cincinnati, Photo von Alison Frantz. 127: Illustration Time-Life Books. Aus *History of the Hellenic World: Prehistory and Protohistory.* Ekdotike Athenon S.A., Athen; Nikos Kontos, Athen; Artephot/Nimatallah. 128, 129: Gestaltung Time-Life Books; Gianni Dagli Orti, Paris; Scala, Florenz; Ekdotike Athenon S.A., Athen; Nationales Archäologisches Museum, Athen; Artephot/Nimatallah; Ekdotike Athenon S.A., Athen. 130, 131: Princeton University Press und University of Cincinnati, Aquarell von Piet de Jong. Aus *The Palace of Nestor at Pylos*, Bd. 1, Teil 1, von Carl Blegen und Marion Rawson, 1966, Frontispiz – Princeton University Press und University of Cincinnati, Photo Alison Frantz. Aus *The Palace of Nestor at Pylos*, Bd. 1, Teil 2, von Carl Blegen und Marion Rawson, 1966, Tafel 10. 133: Ekdotike Athenon S.A., Athen. 134, 135: Nikos Kontos, Athen – Mike Andrews/Susan Griggs Agency, London. 136, 137: Gianni Dagli Orti, Paris, außer unten links, Ekdotike Athenon S.A., Athen. 138: Hirmer Fotoarchiv, München; Ekdotike Athenon S.A., Athen – Hirmer Fotoarchiv, München. 139: Luisa Ricciarini, Mailand – Lotos Film, Eberhard Thiem, Kaufbeuren/Nationalmuseum, Athen; Robert Harding Picture Library, London. 140: Ekdotike Athenon S.A., Athen. 141: Nationales Archäologisches Museum, Athen. 143: Karte Time-Life Books, nach einer Karte in *History of the Hellenic World: Prehistory and Protohistory*, hrsg. von Ekdotike Athenon S.A., Athen. 144: Nikos Kontos, Athen. 145: Nikos Kontos, Athen; Ekdotike Athenon S.A., Athen. 147: © Bill Curtsinger. 148: © Bill Curtsinger – Donald A. Frey/Institute of Nautical Archae-ology. 149: Donald A. Frey/Institute of Nautical Archaeology. 150: Donald A. Frey/ Institute of Nautical Archaeology – © Bill Curtsinger (2). 151, 152: © Bill Curtsinger. 153: Donald A. Frey/Institute of Nautical Archaeology, mit frdl. Gen. National Geographic Society – Donald A. Frey/ Institute of Nautical Archaeology. 154: © Bill Curtsinger. 155: © Bill Curtsinger (2); Donald A. Frey/Institute of Nautical Archaeology. 156: Donald A. Frey/Institute of Nautical Archaeology; © Bill Curtsinger. 157: © Bill Curtsinger (2) – Donald A. Frey/ Institute of Nautical Archaeology. 158, 159: Illustration Paul Breeden.

BIBLIOGRAPHIE

BÜCHER

Andronicos, Manolis: *Nationalmuseum* (in Athen). (Kunst- und Museumsführer Griechenland) Wien: Schroll, 1979

Blegen, Carl W.: *Troy and the Trojans* (Ancient Peoples and Places). New York: Frederick A. Praeger, 1963

Blegen, Carl W., und Rawson, Marion: *The Palace of Nestor at Pylos in Western Messenia* (Bd. 1). Princeton, N.J.: Princeton University Press, 1966

Boardman, John: *Griechische Kunst.* Stuttgart: Hatje, 1988

Burkert, Walter: *Griechische Religion der Archaischen und Klassischen Epoche.* (Religionen der Menschheit, Bd. 15) Stuttgart: Kohlhammer, 1977

Castleden, Rodney: *The Knossos Labyrinth.* London: Routledge, 1990

Chadwick, John:
The Decipherment of Linear B. (2. Aufl.). Cambridge: Cambridge University Press, 1967
Linear B and Related Scripts. London: British Museum Publications, 1989
Die mykenische Welt. Stuttgart: Philipp Reclam Jun., 1979

Cottrell, Leonard: *The Bull of Minos: The Discoveries of Schliemann and Evans.* New York: Facts On File Publications, 1984

Demargne, Pierre: *Die Geburt der griechischen Kunst. Die Kunst im ägäischen Raum von vorgeschichtlicher Zeit bis zum Anfang des 6. vorchristlichen Jahrhunderts.* München: C.H. Beck, 1975

Der Kleine Pauly. Lexikon der Antike in fünf Bänden. Hrsg von Konrat Ziegler und Walther Sontheimer. München: Deutscher Taschenbuch Verlag, 1979

Dickinson, O.T.P.K.: *The Origins of Mycenaean Civilisation.* Göteborg: Paul Aströms Förlag, 1977

Doumas, Christos:
Santorin. Die Insel und ihre archäologischen Schätze. (Kunst- und Museumsführer Griechenland) Wien: Schroll, 1980
Santorini: The Prehistoric City of Akroteri. Athen: Editions Hannibal, o.J.

Thera: Pompeii of the Ancient Aegean. London: Thames and Hudson, 1983

Eisler, Riane: *The Chalice and the Blade: Our History, Our Future.* San Francisco: Harper & Row, 1987

Evans, Arthur: *The Palace of Minos at Knossos* (3 Bde.). London: Macmillan, 1921–1930

Fitton, J. Lesley: *Cycladic Art.* London: British Museum Publications, 1989

Graham, J. Walter: *The Palaces of Crete* (neubearb. Aufl.). Princeton, N.J.: Princeton University Press, 1987

Hampe, Roland, und Simon, Erika: *Tausend Jahre frühgriechische Kunst 1600-600 v. Chr.* München: Hirmer, 1980

Hardy, D. A., u. a. (Hrsg.): *Thera and the Aegean World III* (Bd. 1). London: Thera Foundation, 1990

Hesiod: *Theogonie. Werke und Tage.* Herausgegeben und übersetzt von Albert von Schirnding. München und Zürich: Artemis & Winkler, 1991

Higgins, Reynold: *Minoan and Mycenaean Art* (neubearb. Aufl.). London: Thames and Hudson, 1985

Homer:
Ilias. Übers. von Johann Heinrich Voß. Text der 1. Ausgabe. Stuttgart: Philipp Reclam Jun., 1970
Odyssee. Übersetzt von Johann Heinrich Voß. Text der ersten Ausgabe. Stuttgart: Philipp Reclam Jun., 1965

Hood, Sinclair:
The Arts in Prehistoric Greece. Harmondsworth, Middlesex, England: Penguin Books, 1978
The Minoans: The Story of Bronze Age Crete. New York: Praeger Publishers, 1971

Immerwahr, Sara A.: *Aegean Painting in the Bronze Age.* University Park, Penna.: Pennsylvania State University Press, 1990

Karageorghis, Vassos: *The Cyprus Museum.* Nikosia, Zypern: C. Epiphaniou Publications, 1989

Kean, Victor J.: *The Disk from Phaistos.* Athen: Efstathiadis Group, 1985

Kofou, Anna: *Kreta. Sämtliche Museen und archäologische Stätten.* (Kunst- und Museumsführer Griechenland) Wien: Schroll, 1989

Korfmann, Manfred: „Troy: Topography and Navigation." In: *Troy and the Trojan War*, hrsg. von Machteld J. Mellink. Bryn Mawr, Penna.: Bryn Mawr College, 1986

Luce, John V.: *Atlantis.* Bergisch Gladbach: Lübbe, 1980

McDonald, William A., und Thomas, Carol G.: *Progress into the Past* (2. Aufl.). Bloomington: Indiana University Press, 1990

Marangou, Lila (Hrsg.): *Cycladic Culture: Naxos in the 3rd Millennium BC.* Athen: Nicholas P. Goulandris Foundation – Museum of Cycladic Art, 1990

Marinatos, Nanno: *Art and Religion in Thera.* Athen: D. & I. Mathioulakis, o.J.

Marinatos, Spyridon: *Kreta, Thera und das mykenische Hellas.* München: Hirmer, 1986

Michailidou, Anna: *Knossos. Ein Führer durch den Palast des Minos.* (Kunst- und Museumsführer Griechenland) Wien: Schroll, 1982

Morgan, Lyvia: *The Miniature Wall Paintings of Thera.* Cambridge: Cambridge University Press, 1988

Mylonas, George E.: *Mykene. Ein Führer zu seinen Ruinen und seiner Geschichte.* (Kunst- und Museumsführer Griechenland) Wien: Schroll, 1981

Page, Denys L.: *History and the Homeric Iliad.* Berkeley: University of California Press, 1959

Pinsent, John: *Greek Mythology* (neubearb. Aufl.). Twickenham, Middlesex, England: Newnes Books, 1986

Platon: *Sämtliche Dialoge.* Bd. VI. Herausgegeben und mit Einleitungen, Literaturübersichten, Anmerkungen und Registern versehen von Otto Apelt. Hamburg: Felix Meiner, 1988

Platon, Nicholas: *Zakros: The Discovery of a Lost Palace of Ancient Crete.* London: Thames and Hudson, 1969

Poole, Lynn, und Poole, Gray: *One Passion, Two Loves.* New York: Thomas Y. Crowell, 1966

Prehistory and Protohistory (History of the Hellenic World). University Park, Penna.: Pennsylvania State University Press, 1974
Renfrew, Colin: *The Cycladic Spirit.* London: Thames and Hudson, 1991
Renfrew, Colin, and Wagstaff, Malcolm (Hrsg.): *An Island Polity: The Archaeology of Exploitation in Melos.* Cambridge: Cambridge University Press, 1982
Sakellarakis, J. A., und Sapouna-Sakellaraki, E.: *Archanes.* Athen: Ekdotike Athenon S.A., 1991
Schliemann, Heinrich:
Abenteuer meines Lebens. Herausgegeben und erläutert von Alexander Stoll. Hanau: Dausien, 1987
Trojanische Altertümer. Bericht über die Ausgrabungen in Troja. Vorwort von Manfred Korfmann. München: Artemis, 1990 (Nachdruck der Ausgabe von 1875)
Schneider, Johann Gottlob: *Handwörterbuch der Griechischen Sprache.* 2 Bde. Leipzig: Vogel, 1828
Siebler, Michael: *Troia – Homer – Schliemann: Mythos und Wahrheit.* Mainz: Philipp von Zabern, 1990
Simpson, R. Hope, und Dickinson, O.T.P.K.: *A Gazetteer of Aegean Civilisation in the Bronze Age, Bd. I: The Mainland and Islands* (Studies in Mediterranean Archaeology, Bd. 52). Göteborg: Paul Aströms Förlag, 1979
Sperling, Jerome: „Reminiscences of Troy." In: *Troy and the Trojan War,* hrsg. von Machteld J. Mellink. Bryn Mawr, Penna.: Bryn Mawr College, 1986
Taylour, Lord William: *The Mycenaeans* (neubearb. Aufl.) (Ancient Peoples and Places). London: Thames and Hudson, 1983
Thukydides: *Geschichte des Peloponnesischen Krieges.* Eingeleitet und übertragen von Georg P. Landmann. München: Artemis, 1976
Vermeule, Emily: *Greece in the Bronze Age.* Chicago: University of Chicago Press, 1972
Warren, Peter: *The Aegean Civilizations.* New York: Peter Bedrick Books, 1989
Wood, Michael: *Der Krieg um Troja. Geschichten der Stadt, ihrer Wiederentdeckung und der neuesten Grabungen.* Frankfurt: Umschau, 1985
Wright, James C.: *Thanatos: Les Coutumes Funéraires en Égée à l'Age du Bronze.* Herausgegeben von Robert Laffineur. Liège: Université de l'État à Liège, 1987

ZEITSCHRIFTEN

Bass, George F.: „Oldest Known Shipwreck Reveals Bronze Age Splendors." *National Geographic,* Dezember 1987
Bass, George F., u. a.: „The Bronze Age Shipwreck at Ulu Burun: 1986 Campaign." *American Journal of Archaeology,* 1989, Bd. 93
Betancourt, Philip P.: „The End of the Greek Bronze Age." *Antiquity,* März 1976
Doumas, Christos G.: „High Art from the Time of Abraham." *Biblical Archaeology Review,* Januar/Februar 1991
Fleischman, John.: „Digging Deeper into the Mysteries of Troy." *Smithsonian,* Januar 1992
Judge, Joseph: „Greece's Brilliant Bronze Age." *National Geographic,* Februar 1978
Kilian, Klaus: „The Emergence of *Wanax* Ideology in the Mycenaean Palaces." *Oxford Journal of Archaeology,* November 1988
Marinatos, Spyridon: „Thera: Key to the Riddle of Minos." *National Geographic,* Mai 1972
Ottaway, James H., Jr.: „New Assault on Troy." *Archaeology,* September/Oktober 1991
Pulak, Cemal: „The Bronze Age Shipwreck at Ulu Burun, Turkey: 1985 Campaign." *American Journal of Archaeology,* 1988, Bd. 92
Sakellarakis, Jannis, und Sapouna-Sakellaraki, Efi: „Drama of Death in a Minoan Temple." *National Geographic,* Februar 1981
Shaw, Ian: „Statue Sheds New Light on ‚Life of Zeus'." *Daily Telegraph,* 21. September 1990
Warren, Peter: „Knossos: New Excavations and Discoveries." *Archaeology,* Juli/August 1984

ANDERE PUBLIKATIONEN

Christos: „Cycladic Art." Katalog. Washington, D.C.: National Gallery of Art, 1979
Hägg, Robin, und Marinatos, Nanno (Hrsg.): „The Minoan Thalassocracy: Myth and Reality." Protokoll des 3. Internationalen Symposiums des schwedischen Archäologischen Instituts in Athen, 31. Mai – 5. Juni 1982
Sakellarakis, J. A.: „Herakleion Museum." Illustrierter Führer. Athen: Ekdotike Athenon S.A., 1991
„Der Trojanische Krieg ... und kein Ende." Video. Frankfurt: Lothar Spree Film Production, 1991
„Troy, Mycenae, Tiryns, Orchomenos: Heinrich Schliemann: The 100th Anniversary of his Death." Katalog. Athen: Kultusministerium – Griechisches Komitee IOM – Museum für Ur- und Frühgeschichte der Staatlichen Museen zu Berlin, 1990

REGISTER

Kursiv gedruckte Seitenzahlen verweisen auf eine Abbildung zu dem betreffenden Stichwort.

T

U

V

W

X

Z

MAKEDONIEN
Iolkos
N
THESSALIEN
BÖOTIEN
Orchomenos
Theben
0
50
100 Kilometer
Mykene
Tiryns
LÖWENTOR
IONISCHES MEER
PELOPONNES
Pylos
Sparta
LAKONIEN
SCHWARZES MEER
Dardanellen
Troja
Mykene
Knossos
MITTELMEER
ÄGYPTEN
MITTELMEER